NIKKEI BUNKO
日経文庫

ファシリテーション入門

堀 公俊

JN227347

日本経済新聞出版社

はじめに

あなたの組織の問題解決は硬直化していませんか？

先日、私が講師を務めた研修で、問題解決のケーススタディをやったところ、信じられない答えが返ってきました。課題は、「経営が逼迫するなかでコストのかさむ顧客の要望にどうやって応えるか」というもので、双方が満足する解決策をチームで話し合って見つける演習です。それに対して、さも当然のように「要望の内容をアンケートで確かめる」「顧客と企業の話し合いの場を持つ」「顧客の声を盾に社長を説得する」という珍回答が続出したのです。

「なにが悪いのだろうか？」と不思議に思った人は、緊急入院して集中治療を受ける必要があります。これらは本質的な問題に迫っておらず、時間を引き延ばしているだけです（Ⅵ章参照）。そうやってウダウダ議論をしているうちに、事態はどんどん悪い方向にいってしまいます。日本有数の巨大組織に属する教育担当者を集めての研修だけに、背筋が寒くなりました。

実は、このような話は多少なりともどこの組織にもあり、自律的な問題解決力を蝕む生活習慣病は、かなり進行しているように感じます。それは会議での議論の質を見れば一目瞭然です。形骸化と硬直化が著しく、個人の閉塞感は募るばかりです。今ここで我々は、組織による問題解決のやり方を根本的に見直さないと、大変なことになるのではないでしょうか。

これから紹介する「ファシリテーション」は、問題解決や合意形成を促進する技術としてアメリカで生まれました。会議の効率化はもとより社会変革をも引き起こす力を持っています。グローバルな自律分散社会を迎えて「二一世紀でもっとも重要なスキル」とも呼ばれています。

幸運なことに、ファシリテーションは日本が持つ文化や組織風土に大変馴染みやすい面があります。それはとりもなおさず、私たち独自のファシリテーションを生み出せる可能性があることを意味しています。かつての終身雇用制や小集団活動のように、世界の人々が注目する経営上のイノベーションとして、日本企業の新たな競争優位性になる力を秘めているのです。

本書では、応用範囲が広くてニーズが一番高い、会議やプロジェクト活動でのファシリテーションに焦点を当てて、基本的なスキルを紹介していきます。必要不可欠なことはすべて盛込んであり、一読後はともかく実践されることを強くお勧めします。実践時に直面する壁を突破するための応用的なスキルについては、次の機会があれば紹介していきたいと思います。

二〇〇四年六月

堀　公俊

ファシリテーション入門――〔目次〕

目次

［Ⅳ］対人関係のスキル——受け止め、引き出す——87

［I］

脚光を浴びるファシリテーションの技術

1　従来型のリーダーシップとマネジメントの限界

組織による問題解決が硬直化している

私たちは、毎日の生活のなかで、さまざまな問題解決をしながら生きています。問題とは、一言でいえば「望ましい姿」と「現実」とのギャップです。自分が抱く期待、めざす目標や掲げた理想は必ず現実と乖離があり、なにかの願望を抱けば必ずそこに問題が発生します。問題の多くは一人では解決できず、人にアドバイスを求めたり、知恵を貸してもらったりします。たくさんの要因が複雑に絡み合う問題となると、関係する人々が力を合わせないと問題は解けません。

そのために考え出されたのが組織です。たくさんの人の知恵とエネルギーを合わせ、一緒になって問題解決を図ろうとするのです。そのためには、異なる意見を調整し、コンセンサスを生み出していかなければなりません。協働によって、一人では対処できない大きな問題を解決していくのです。

ところが、こういった組織による問題解決があちこちで行きづまりを見せています。企業のなかを覗けば、「会議をやってもまとまらない」「せっかくの人材が活かされていない」「チームのなかに対立があってプロジェクトがうまく進まない」「組織が硬直化して大企業病が蔓延している」といった話が山のようにあります。こういった悩みを解消しないと、問題解決はもとより、組織の活力が生まれてきません。

こういったときによく持ち出されるのが「人」の問題です。リーダーやメンバーがそれぞれの持ち場にふさわしい能力を持てば（あるいは、そういう人がリーダーやメンバーになれば）、こういった問題は解決されると。目まぐるしく変化する企業活動に個人の能力が追いついておらず、そのために組織が機能不全に陥っているというのです。

この考え方も理解できないではないですが、個人がしっかりとしたキャリアプランを持って自らの専門能力を磨き、適切な人材配置をやれば、組織による問題解決は本当にうまくいくのでしょうか。日本でもスペシャリスト型の人材が増えていますし、基礎的なビジネススキルを重視した教育が盛んにおこなわれています。コーチングをはじめ、個人の能力を引き出す方法もかなり普及してきました。それでも先ほどのような問題は、増えることはあっても減る傾向にありません。協働の失敗を、個人の能力に帰するのではなく、もっと大きな考え方の転換が必要なのではないでしょうか。

行きづまりを見せる社会的な問題解決

実は、このような問題は、ビジネス界に限らず社会のあちこちでも見受けられます。たとえば、身近なところでいえば、コミュニティの問題があります。ようやく日本でも本格的な地方分権の時代を迎え、市民自らの手でまちづくりを進めるケースが増えてきました。いわゆる「市民協働のまちづくり」です。市民が自発的に集まり、自分たちの問題を自分たちで話し合って問題解決をしていくのです。

ところが、実際にやるとなると、並大抵の話ではありません。地域共同体が崩壊してしまった今、同じ地域に住むとはいえ、バラバラな個人の集まりです。年齢や職業も違えば、信条や価値観も違います。そんな人たちが一から合意を積み上げていくのですから、互いの考え方の枠組みがぶつかりあうばかりで、いつまでたっても前に進みません。深刻な対立に発展してしまい、コンセンサスをつくりあげるのに何年もかかってしまいます。

考えればそれも無理はありません。今まで一般市民は合意形成にほとんど関与できず、おカミ（行政や政治家）にお任せするしかありませんでした。しかも彼らは民主的とはほど遠いやり方で意思決定を進めてきたため、市民の知恵とエネルギーをつむいでいくノウハウが育っていないのです。ここにも先ほどと同じ構造の問題が横たわっています。

もうひとつ身近な例として、学校教育の問題を取り上げましょう。近代的な学校制度が始まって以来、均質な集団に対して画一的な授業をおこない、一方的に知識を与えるのが学校教育の姿でした。ところが、社会環境が大きく変化するなか、不登校、学級崩壊、いじめなど、さまざまな問題が露呈してきました。その結果まともな授業ができなくなり、クラスという学習集団が機能不全に陥ってしまったところさえあります。教育の活性化は、日本が直面する最大級の課題のひとつといってもよいでしょう。

これからの学校教育は、生徒の学習意欲と個性を喚起し、社会のなかで自律的に生きていく力を育てていかなければなりません。さらには、「自分さえ良ければ」という誤った個人主義を是正し、社会的責任を感じて自ら行動する人材を育てていかなければなりません。

そのためには、教師の能力不足や生徒のやる気不足に原因を求めるだけでは、一向に前に進みません。学習という共通の目標に向けて協働するためのプロセス改革が必要となります。ここでも、人と組織に関する新しいアプローチが必要となってきているのです。

「個人」から「関係性」へ

それではこの問題を、組織を動かすふたつの働きである「リーダーシップ」と「マネジメント」の観点から考えてみましょう。

少しおさらいをすると、リーダーのもっとも大切な役割は、組織の方向性を決めることです。複雑な環境に対して、組織が存在する意味（ミッション）を明らかにし、組織がめざす目標（ビジョン）とそこに至る道筋（戦略）を指し示します。その上で、自らが望ましい行動の模範を示しながら、人をつくり組織を育てていきます。特に、競争と変化が激しい現在では、常に変革の方向性を示し、それを推し進めていくのがリーダーの本質的な仕事となります。

それに対してマネージャーの役割は、定められた目標を達成することです。リーダーが「なにを（What）」を明らかにするのに対して、マネージャーは「どうやって（How）」を決めるのです。すなわち、目標を達成するための具体的な計画をつくり、組織が持つさまざまな資源の配分や構造を決めます。さらに、メンバーの進捗を管理して成果へと導き、その過程を振り返ることで業務の質を高めていきます。これがマネジメントです。

ところが、現在では組織を巡る環境が複雑さを増し、変化のスピードが加速度的に上がってきています。リーダーといえども将来を予測し、組織が進むべき道を見通すのが大変難しくなってきています。マネージャーにしても、複雑化・高度化する業務のなかで、一つひとつの仕事を管理するのが困難になってきました。

そうなると、現場の情報がリーダーやマネージャーに届かなくなり、組織が本来持っていたフィードバック（調節・制御）機能が麻痺してきます。それをなんとか今までのやり方で解決しようとあがけばあがくほど、リーダーシップの不在とマネジメントの過剰を引き起こしてしまうのです。

もはや、少数の人間が組織を率いていくのは難しく、たくさんの人々がそれぞれの持ち場でイニシアティブを発揮していかなければ組織は動きません。上位の者が決定し、下位の者に動機づけや命令をするのではなく、一人ひとりがなすべきことを考え、関係する人々を巻き込み、その連鎖で組織全体を動かしていかなければなりません。環境変化のなかで、自分や組織の意味（Why）を問い直し、自律的に行動するのです。

日頃経験するように、高い能力を持った個人に適切な動機と役割を与えても、メンバー同士のさまざまな相互作用がうまくいかなければ成果は期待できません。組織のなかで人が成長するプロセスも、どんな組織で仕事をしてきたかで決まる部分が多く、なにが潜在的なもので、なにが後天的なものか区別しがたいものがあります。人は本来多様な力を持っており、どの能力をどれだけ発揮できるかは、周囲の人々との関係や置かれた環境によって決まるのです。

ましてや、個人のイニシアティブで組織を動かそうとすると、一人ひとりを管理するのではなく、人と人の相互作用をどのように組み立てていくか、関係性の管理に比重が移らざるをえなくなります。個人を単機能なモジュールととらえて、その組み合わせで組織を動かす今のやり方が限界にきており、それが冒頭に述べたさまざまな問題を引き起こしているのです。

言い換えると、個人の集まりとして組織を動かそうという「構造（システム）的なアプローチ」ではなく、人と人の相互作用の集まりとして組織を考える「関係（プロセス）的なアプローチ」がこれからは重要になってきます。「個人」を中心にした組織運営から、人と人の「関係性」を中心にした組織運営へ。それが、本書で紹介する「ファシリテーション」のベースにある考え方なのです。

2　協働を促すファシリテーション

集団による知的相互作用を促進する

ファシリテーション（facilitation）を一言でいえば、「集団による知的相互作用を促進する働き」のことです。

facilitation の接頭辞である facil はラテン語で easy を意味します。「容易にする」「円滑にする」「スムーズに運ばせる」というのが英語の原意です。人々の活動が容易にできるよう支援し、うまくことが運ぶようにするのがファシリテーションなのです。

先に述べたように、社会的動物である人間は、同じ目的を持った人々と力を合わせることで、一人ではできないことを成し遂げていきます。そのために組織をつくり、協働という名の知的な相互作用を通じて知識を寄せ集め、共通の目的を達成していきます。

そういった、集団による問題解決、アイデア創造、合意形成、教育・学習、変革、自己表現・成長など、あらゆる知識創造活動を支援し促進していく働きがファシリテーションです。

もう少し具体的にいえば、「中立な立場で、チームのプロセスを管理し、チームワークを引き出し、そのチームの成果が最大となるように支援する」（フラン・リース著、黒田由貴子訳『ファシリテーター型リーダーの時代』）のがファシリテーションです。またその役割を担う人がファシリテーターであり、日本語では「協働促進者」または「共創支援者」と呼びます。

ファシリテーションのポイントはふたつあります。ひとつは、活動の内容（コンテンツ）そのものはチームに任せて、そこに至る過程（プロセス）のみを舵とりすることです。そうすることで、活動のイニシアティブをとりながらも、成果に対する主体性をチームに与えることができます。

もうひとつは、中立的な立場で活動を支援することです。それによって客観的で納得度の高い成果を引き出していきます。このふたつがそろって初めて、ファシリテーターへの信頼が生まれ、チームの自律的な力を引き出すことができるのです。

会議で活躍するファシリテーター

実際にファシリテーションとはどういうものか、具体的な例をひとつ挙げましょう。組織活動とは切っても切れない会議でのファシリテーションです（以下の説明でもイメージが湧かないという方は、先にⅦ章のストーリーを読んでみてください）。

　そもそも会議とは、異なる知識をぶつけ合うことで、新しいアイデアを生み出し、優れた意思決定をおこなうための方法です。ところが、知識創造とは程遠く、時間の無駄としかいいようのない会議が山のようにあります。かみ合わない議論が続いた上に、堂々巡りの水掛け論に陥る。なにが決まったのか決まっていないのかよく分からないのに、仕事だけはお構いなしに進んでいく。まさに「会して議せず、議して決せず、決して行わず、行わずして責をとらず」です。

　そこで登場するのが、会議のプロセスを舵とりするファシリテーターです。ファシリテーターは、リーダー（意思決定する人＝議長）でも司会者でもありません。ファシリテーターの仕事は、どんな目的（課題）のために、誰を集めて、どんな議論をするのか、会議という場のデザインから始まります。その上で、どのように会議を進行させれば目的を達成できるか、会議のプロセスをリーダーとすり合わせます。

　会議が始まれば、議長ではなくファシリテーターが進行をリードします。会議で検討すべきコンテンツ（What）には立ち入らず、プロセス（How）を舵とりすることで、チームが到達できる最高の成果に導きます。

といっても、ファシリテーターは単なる進行役ではありません。コミュニケーションの場をつくり、人と人をつないでチームの力を引き出し、多様な人々の思いをまとめていきます。その場に参加しているメンバーの主体性を育み、優れたコンセンサスを生み出していくのです。

議論が対立に陥った場合は、お互いの主張が正しくかみ合うよう、連結ピンの役割をします。そして、全員が満足できる答えが見つかるまで、あらゆる知恵を引き出していきます。そうすることで、問題解決を促進させ、合意の質を高めていくのです。

支援型リーダーシップと場のマネジメント

ファシリテーションが持つ機能は、従来型のリーダーシップやマネジメントと対比すると分かりやすくなります（図1‐1）。

今までのリーダーは、コンテンツにもプロセスにも強い指導力を発揮していました。それに対して、ファシリテーターは、コンテンツはメンバーに任せ、プロセスのみにイニシアティブを発揮します。いわば黒子《くろこ》（演出家）的なリーダーです。自分の意見を押し通すのではなく、メンバー一人ひとりがリーダーとなるように育て、多数のリーダーを合意によって束ねていきます。そのことから「支援（ファシリテーター）型リーダー」と呼ばれています。

図1-1 ◉ リーダーシップ、マネジメント、ファシリテーション

	ヒエラルキー型		自律分散型
	リーダーシップ	マネジメント	ファシリテーション
上位者の役割	組織の方向づけをする	目標を達成するシステムをつくる	場(関係性)を築き協働を促進する
下位者の役割	モチベーションを高める	与えられた役割を全うする	自律的に問題解決を図る
人を動かす手段	ビジョン・戦略(What)	計画・構造(How)	意味・関係(Why)
組織の考え方	意思決定のピラミッド型の連鎖		知的相互作用のネットワーク
コミュニケーション	権威的・官僚的		民主的
組織システム	専制的・固定的		流動的
適用環境	大きな変化が必要なとき	組織が安定状態にあるとき	絶え間ない変化が必要なとき

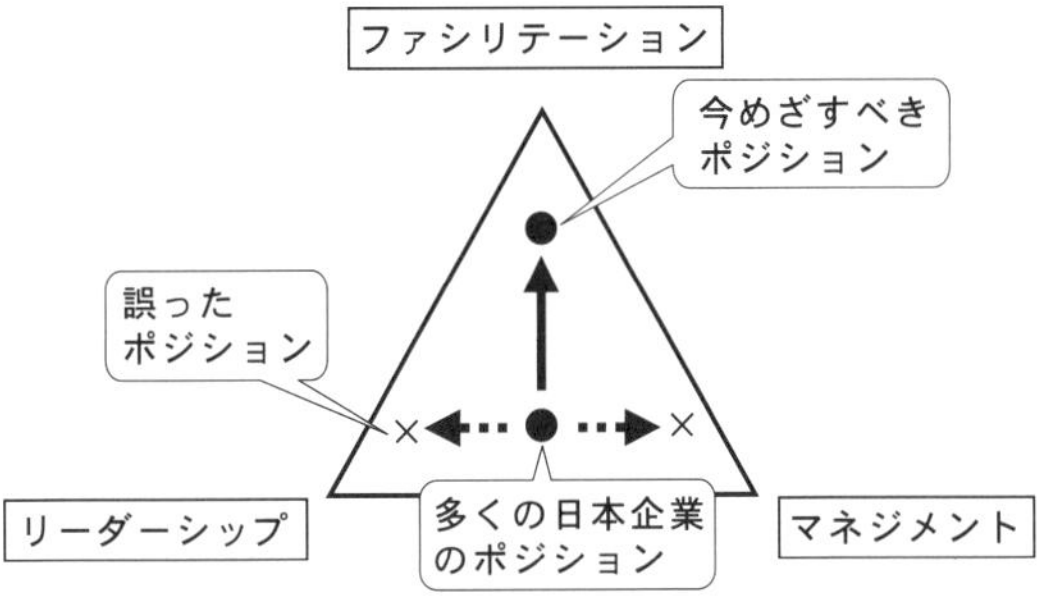

▶目まぐるしい環境変化に即応するためには、組織運営のなかでのファシリテーションの比重を高めていく必要があります

ですから、支援型リーダーは組織に一人とは限りません。組織の代表者が支援型リーダーとなってもよく、また代表者とは別に支援型リーダーがいても構いません。メンバー全員が支援型リーダーとなり、組織のハブやポータルとして活躍し、時と場合に応じて代わる代わるリーダーシップを発揮していくのが理想的な形です。

こういう話をすると、「これで組織が回るのか？」と疑問に思う方が多いと思います。もちろん、組織が回っていくには条件があります。一つ目は、ミッション、ビジョン、バリューなど、組織としての大まかな方向性が共有されていることです。二つ目は、環境に対する認識が正しくなされ、それが組織のなかで一致していることです。三つ目は、メンバー間の相互理解が進んでいることです。この三つがそろえば、自律分散的に活動をしても、おのずと統一のとれた方向に組織は動いていくのです。

次に、従来型のマネジメントと対比してみましょう。今までのマネジメントのやり方は、ピラミッド（ヒエラルキー）型の構造を前提に、組織活動を意思決定の連鎖ととらえて考え出されてきました。組織の機能や目標をブレイクダウンして個人に落とし込む、あるいは個人の特性や能力を組み合わせて組織をつくりあげる、構造的（要素還元的）な考え方が根本にあります。

それに対してファシリテーションは、組織活動を人と人との相互作用の集まりと考え、人の能力も働きも、環境や周囲の人々に応じて変化するものととらえます。そのため、個人（要素）ではなく、人々が協働する「場」（関係性）を重要視します。環境変化に応じて、人やチームが持つ調節制御のネットワークを柔軟に組み替えていくことが、複雑な組織を動かすのにもっとも効率的だと考えます。そこには、生命科学や経済学で注目を集めつつある、システム論に関するパラダイムの転換が内包されているのです。

こういった、人を管理するのではなく、人と人との関係性を舵とりしていく方法を「場のマネジメント」と呼びます。それを促進するための実践的なスキルがファシリテーションなのです。

ただここで注意してほしいのですが、いくらファシリテーションが優れていても、それだけで組織を動かすのは無理があります。組織の要になる人間は、リーダーシップ、マネジメント、ファシリテーションのスキルを兼ね備え（あるいは役割分担をして）、組織の状態やタスクに応じて使い分けねばなりません。その都度、どの色合いを強くするかによって、組織運営のやり方を柔軟に変化させるのです。

組織を取り巻く環境が大きく変化するときは強いリーダーシップが、安定的なときは緻密なマネジメントが、変化が絶え間なく起こるときはファシリテーションが適しているといわれています。今はまさにファシリテーションが力を発揮するときです。リーダーシップとマネジメントに偏った組織管理のあり方を大きく見直さなければならない時期に来ているのです。

新しい日本型リーダー像をめざして

ファシリテーション能力を発揮するリーダーやマネージャーは、どちらかといえば一神教の文化を基盤に持つ欧米の組織に合いません。たとえば、欧米でイメージされるリーダーといえば、映画のヒーローのような強く正しいリーダー像です。リーダーシップの研究にしても、そういうイメージに合う過去の英雄的な指導者を取り出して分析するものが中心となってきました。

ところが、多神教の文化を基盤に持つ日本には、人々の関係性を重要視する支援型のリーダーがフィットします。なにしろ、複数の神様が合議制でつくった国であり、歴史を見ても織田信長以外にほとんど欧米型のリーダーが見当たりません。明治維新という大改革を、明確な指導者なしに成し遂げた不思議な国です（ここでは吉田松陰が典型的な支援型リーダーでした）。

といっても、部下がかつぐお神輿《みこし》に乗る従来の日本的なリーダーとはまったく違います。それは、支援型リーダーが、権威によって意見を調整するのではなく、メンバーの「多様性」を尊重し、異なる意見のなかから創造的な問題解決を図ろうとするからです。オープンな議論のなかでコンセンサスを築いていくという、「開放性」も兼ね備えています。「多様性」と「開放性」のふたつを、お得意の和魂洋才の精神で乗り越えれば、日本が支援型リーダーの先進国になる可能性があるのです。

支援型リーダーや場のマネジメントは、NPOをはじめとするボランタリーな組織では浸透しつつあるものの、企業のなかではまだ市民権を得るには至っていません。それは、個人の自律と組織全体の統合は矛盾するものだと思い込んでいたからです。そこを両立させるのが、まさにファシリテーションのスキルです。だからこそ、多様な人々が自律的に協働する、二一世紀のグローバルな情報化社会にふさわしいスキルと呼ばれるのです。

3　ファシリテーションがもたらす三つの効果

ここで、ファシリテーションがもたらす効果を整理してみましょう。大きく分けて三つあります。

学習するスピードを高める

一つ目は促進という言葉が表すように、成果に達するまでの時間を短縮することです。できるだけ短い時間に、チームが生み出せるであろう最高の成果に導いていくのです（図1-2）。

ビジネス活動において、スピードが企業間競争の雌雄を決することは、もはや言うまでもありません。目まぐるしく変化する環境のなか、どれだけ短い時間に、組織に蓄積された知識を寄せ集め、新しい知識を生み出せるかが競争力の源泉となります。効率的に知識を発見・共有・創造・活用するスキルが、あらゆる組織に求められているのです。

しかも、環境変化が予測できない不確実な時代では、「なにが正解なのか」をじっくり話し合っている余裕はありません。考えている間に環境が変わってしまい、実行するときにはまっ

図1-2 ◉ ファシリテーションは学習するスピードを上げる

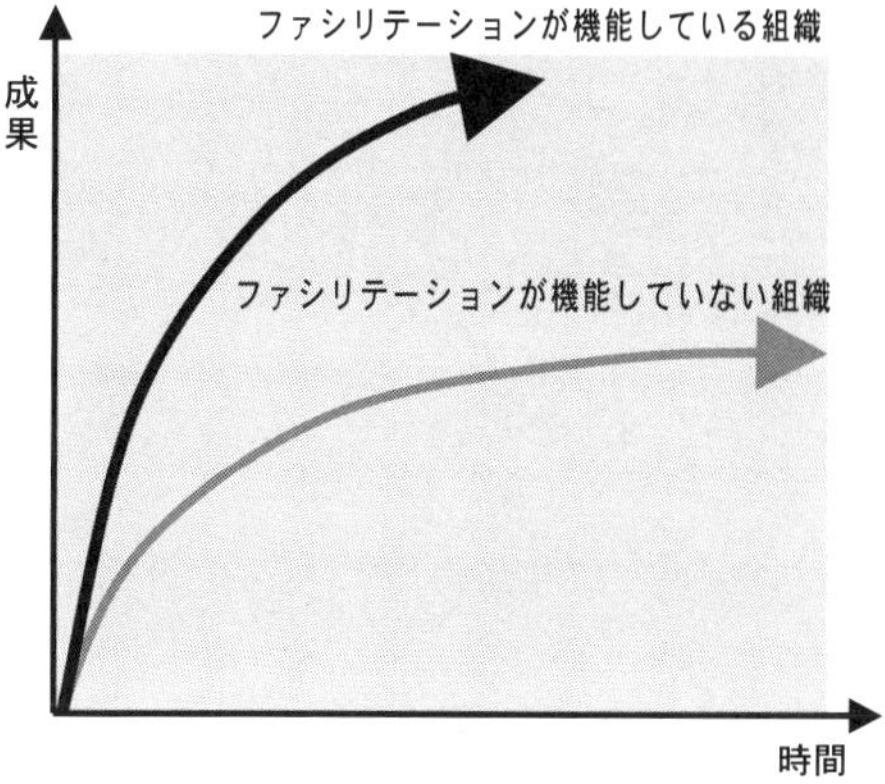

▶ファシリテーションによってチーム効率が飛躍的に高まり、成果に至る時間が短縮できます

たく別の環境になってしまうからです。考えているること自体が大きなリスクになってしまうのです。

それよりは、敏感に変化を感じ取り、迅速に手を打って、その結果を素早く組織にフィードバックする方がはるかに賢明です。これからの組織の競争優位性は、環境に応じて自らを変化させる速度、すなわち「学習するスピード」に他ならないのです。

これからは、組織のなかに自らが学習する仕組みをしっかりと築き上げ、しかも学習のサイクルをできるだけ速めるしか勝ち残りの道はありません。そのために、ファシリテーションを導入する企業が日に日に増えているのです。

チームの相乗効果を発揮させる

ファシリテーションがもたらす二つ目の効果は、メンバーの相乗効果（シナジー）が発揮できることです。

ピラミッド型の組織では、異なる組織に属する人の知識は組織（上位者）を通じてなされ、相乗効果が発揮しにくい環境にありました。組織の壁が立ちはだかり、せっかくの知識が十分に活かされているとはいえませんでした。この欠点を補うのが、プロジェクトに代表されるネットワーク型の組織です。プロフェッショナルな専門知識を持った人々を部門横断的に集めて、持てる知識を掛け合わそうというのです。

こういった自律分散的な活動を従来のやり方でマネジメントしようとすると、人と人の間を駆け回って調整する羽目になります。やればやるほど、メンバーは自分勝手な意見ばかり述べるようになり、落としどころを見つけるのに四苦八苦します。全員の言い分を平均的に取り混ぜた妥協案をつくるか、リーダーが強権を発動するのが関の山で、とても相乗効果なんて生まれてきません。

相乗効果を発揮させるには、多様な考えを持った人々が、自由に安心して意見を交換できる場をつくるのが一番です。そのなかで、互いの考えを共感とともに理解させ、異なる知識や文化をぶつけ合わせます。そうして初めて、チームの良さを活かした斬新なアイデアや深い学習が生み出されていくのです。

そのためには、人とは違う意見や型破りな考えを持った少数派を擁護し、多数派の意見に押しつぶされないように配慮していくことも重要です。互いの考え方の枠組みがぶつかり、対立が生まれたときは、それを契機にして相互理解を深め、創造的なコンセンサスに導いていかなければなりません。そういった質の高い場づくりこそが、ファシリテーションの真髄なのです。

メンバーの自律性を育む

三つ目に、メンバーの自律性を育み、個人を活性化することがあります。

なにかの成果をめざしてチーム活動をしたときに、成功か失敗かを決める要因が、大きく分けてふたつあります。ひとつは、チームが採った戦略の良し悪しであり、もうひとつは、それに対するメンバーの納得性です。

このとき、戦略が優秀で納得性が高いのが一番よいのはいうまでもありません。意外なのは、戦略が優れていて納得性が低い場合より、戦略が多少まずくても、メンバーの納得性が高

図1-3 ◉ ファシリテーションはチームを自律的な成功に導く

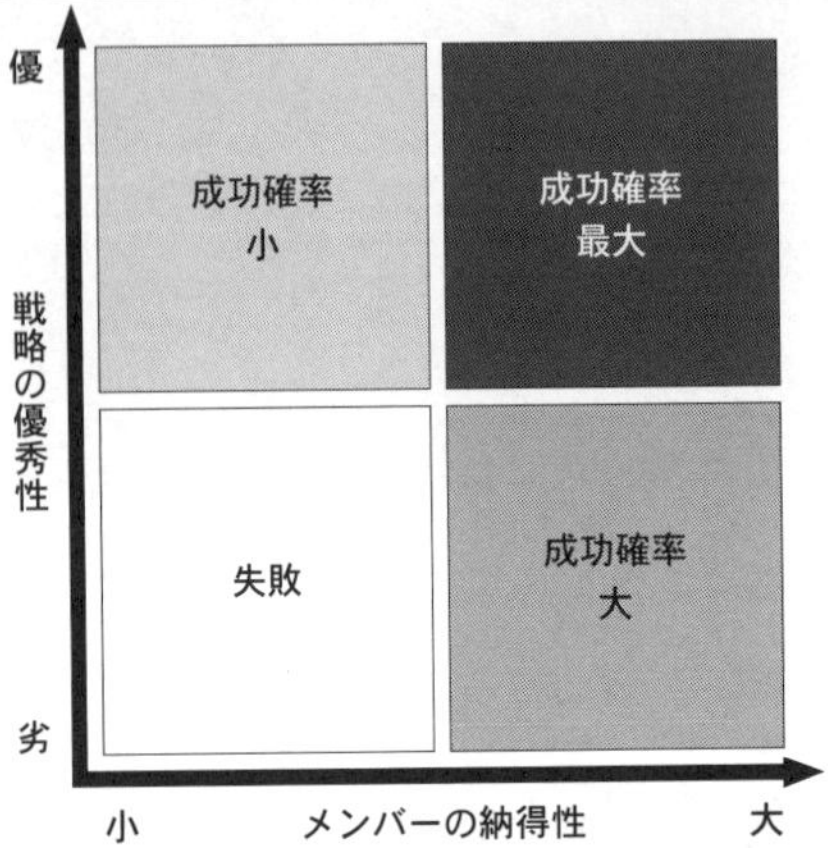

▶いくら優れた戦略でも、実行力がともなわなければ成功には結びつかず、実行力はメンバーの納得性に大きく左右されます

い方が、成功確率が高いのです（図1-3）。なぜなら成果を決めるのは、意思決定ではなく実行の良し悪しであり、メンバーが当事者意識（オーナーシップ）を持って真剣に課題に打ち込むか否かが実行の良し悪しを決めるからです。

組織で働く多くの人は、もっと自分の能力を発揮したいと願っています。これは管理する側も同じなのですが、全体の利益を優先するために、どうしても個人の自律性を抑圧する方向になりがちです。

そうなると個人の閉塞感が増すようになり、組織の問題を自分の問題として感じられず、活動に身が入らなくなります。適当なところでお茶を濁したり、なんでも人のせいにして、傍観者的な態度になったりします。ひどい場合には、自分の問題すら自分のことと感じられず、人に責任を押し付けるようになります。

自らが主人公となりリーダーとなってこそ、人は本当の力を発揮できます。自律性こそが個の活性化の原点であり、個が活性化すれば必ず組織全体もいきいきとしていきます。

自律性を高めるためには、自分のなすべきことを自分で決め、自分で実現していくしかありません。「参加なければ決意なし」という言葉があるように、誰もが自分で決めたことなら一所懸命やろうとします。組織の意思決定

COFFEE BREAK

――協働作業を理解するエクサイズ(1)――

①３～５人が１組となり、グループをつくってください。
②ハガキ大のカードを各自が適当に破って、それぞれ５枚の紙切れをつくってください。
③各グループでリーダーを一人決めて、メンバーの紙切れをすべて集め、十分にかき混ぜた後で、自分も含めたメンバー全員に同じ枚数だけ紙切れを配ります。
④合図とともに、メンバーはそれぞれ紙切れを交換しながら、元のカードを再現していきます。このときに、他の人が持っている紙切れを勝手に取ってはいけません。「ください」と口頭でお願いすることも、目で合図することも禁止です。できるのは、自分の持っている紙切れを他の人にあげることです。
⑤エクササイズが終わったら、活動を振り返って、どうやったらうまくできるかを話し合ってください。
⑥その後で、もう一度同じ課題に挑戦し、１回目と２回目とでどれくらい時間が短縮できるか努力してください。

出所：諏訪茂樹『人と組織を育てるコミュニケーショントレーニング』（日本経団連出版）

の過程に参加させることは、仕事へのコミットメントを高めるのに最適なのです。

その結果として目標が達成できれば、組織で活動する醍醐味が味わえます。達成感に加えて、自分自身で人生を切り開いているという「自己有能感」や仲間から認められたという「承認の喜び」が得られます。組織への帰属感も強まり、さらなるモチベーションへとつながっていくのです。

〔II〕

応用が広がるファシリテーションの世界

1　ファシリテーションの発展の流れ

ファシリテーションが生み出された流れはいくつかあります。その歴史をかいつまんで説明しましょう。

ファシリテーションの歩み

本書と関わりの深い分野では、まずは体験学習の流れがあります。社会心理学者クルト・レヴィンのグループダイナミクス（集団力学）研究を軸にした、エンカウンターグループと呼ばれる、グループ体験によって学習を促す技法が一九六〇年代にアメリカで生まれました。そのとき、メンバーやグループが成長するために働きかける人をファシリテーターと名づけました。この流れは、体験学習や教育系のファシリテーションとして現在まで続いています。

それとほぼ同時期に、アメリカのコミュニティ・デベロップメント・センター（CDC）で、コミュニティの問題を話し合う技法としてワークショップやファシリテーションが体系化されていきました。こちらは、市民参加型のまちづくり活動へと受け継がれています。

ビジネス分野での応用は、少し遅れた一九七〇年代あたりから、やはりアメリカで始まりました。こちらは、会議を効率的に進める方法として開発され、やがて「ワークアウト」と呼ばれるチームによる現場主導型の業務改革手法に応用されていきました。今ではファシリテーションが専門技能として認知され、重要な会議にファシリテーターを置くのは珍しいことではなくなりました。最近は支援型リーダーへと関心が移ってきています。

このような動きは、ほどなく日本にも入り、分野ごとに応用や研究がなされてきました。なかには世田谷のまちづくり活動のように、日本独自に進化を遂げたものもあります。ビジネス分野では、かつてＱＣ活動のリーダーがやっていた仕事は、ファシリテーションそのものだといってよいでしょう。ところが、それが専門技能としては認識されておらず、一部の外資系企業を除いて、その言葉すら知らないという状態が長く続きました。

二一世紀に入った頃から、ようやくビジネスの世界でも注目を集めるようになり、ファシリテーションに関する書物が店頭に並ぶようになります。ファシリテーションを専門的に研究する大学院の講座も開講されるようになり、学問的にも注目されはじめました。さまざまな分野でファシリテーションという言葉が普通に使われる時代がやってきたのです。

ファシリテーションの六つのタイプ

ファシリテーションの応用分野は、大まかにふたつの軸で整理できます（図2-1）。

ひとつの軸は、問題解決や合意形成といった外部から見える具体的な成果を求めるのか、学習や成長など内面的な成果を求めるのかの違いです。もう一方の軸は、おもに組織や社会に成果を求めるのか、個人に求めるのかの違いです。

そうやって分類すると、①問題解決型、②合意形成型、③教育研修型、④体験学習型、⑤自己表現型、⑥自己変革型の六つのタイプに分かれます。もちろん、すべてがこのように明確に分けられるわけではなく、複数のタイプを含んだものもあります。心理学者A・ミンデルのワールドワークのように、個人の学習から社会変革まで、すべてのタイプを統合したものもあります。

これらは、ファシリテーションがもっとも効果を発揮する場である、ワークショップの分類とピッタリ一致します。ワークショップとは、多様な人たちが主体的に参加し、チームの相互作用を通じて新しい創造と学習を生み出す方法です。今ではビジネスから自己変革まで、ありとあらゆる分野で利用されており、ファシリテーションとは切っても切れないものとなっています。

図2-1 ◉ ファシリテーションが応用される6つの分野

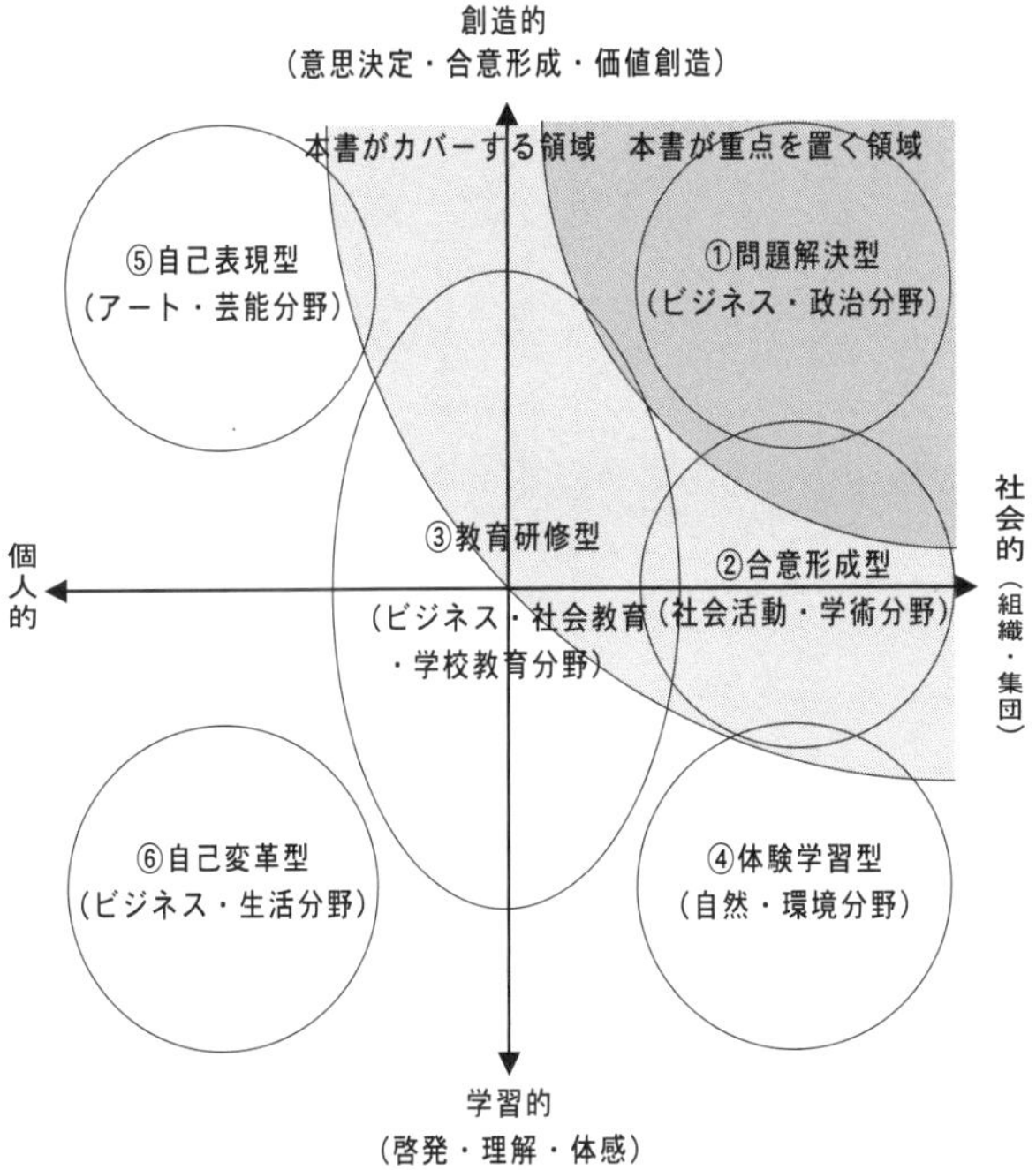

出所：中野民夫『ワークショップ』に一部加筆

▶6つのタイプは便宜的に分けたものであり、実際には複数のタイプが重なりあったケースが多く見られます本書では、ビジネス活動そのものである①問題解決型のタイプを中心に、それと比較的近い②合意形成型、③教育研修型のタイプを取り上げることにします。①②③はのちほど詳しく実例を述べるとして、先に④体験学習型、⑤自己表現型、⑥自己変革型のタイプを簡単に紹介しておきましょう。

環境教育や自然教育などでよく用いられる④体験学習型のファシリテーションは、同じ体験を共有することで学習を促していくものです。単に知識を与えて頭で理解させるのではなく、自ら感じることを通じて関心を呼び起こしていきます。ファシリテーターは、参加者の関心と相互作用を高め、体験を行動に結びつける役目を担っています。

一方、演劇や美術などの芸術活動の分野において、メンバー同士あるいは演じ手と観客の相互作用を促進させ、新しい作品を創造していくのが、⑤自己表現型のファシリテーションです。メンバーの力を引き出すという点では、話し手からホンネを引き出すインタビューの技術や、コメディアンが当意即妙のアドリブを相方から引き出す力も、その応用なのかもしれません。

また、⑥自己変革型のファシリテーションは、自己の成長や変容、癒《いや》しや気づきを促し、自分を高めるためにおこなわれるものです。メンバー相互の関係を活性化させることで、潜在的な能力や内なる可能性に目覚めさせるのがファシリテーターの役割になります。

2　多彩な分野で応用されるファシリテーション

あらゆるビジネス活動での問題解決に

①問題解決型のファシリテーションが威力を発揮するのは、なんといってもビジネス活動です。ビジョンや戦略の策定から商品開発や人材開発まで、ありとあらゆる場面でファシリテーションは活用できます（図2-2）。部門でいっても、経営企画、人事、開発、生産管理、営業、品質管理、情報システム、業務推進など、多岐にわたります。

そのなかで現在もっとも応用が盛んなのは、会議やワークショップでのファシリテーションです。先に述べたように、会議が抱える問題の多くはファシリテーションで解決でき、ミーティングマネジメントの手法として導入が進んでいます。さらに社内の会議だけではなく、営業や開発の担当者が、顧客のところに出向いてニーズを引き出しながら一緒にソリューションを考えるなど、社外での活用も始まりつつあります。

図2-2 ◉ ファシリテーションの応用分野（ビジネス系）

目　　　的	事　　　例
ビジョン・ミッションの策定	経営ビジョン、プロジェクト・部門のミッションづくり
戦略・事業計画の策定	経営戦略、事業戦略、中長期経営計画の策定
業務プロセスの改善	組織改革、業務改革、会議改革、改善活動
チームビルディング	チームの活性化、新任リーダーの受け入れ
アイデア発想	新商品開発、コストダウン、マーケティング戦略立案
原因解析	事故解析、問題解決、品質改善、生産性改善
リスク分析・管理	コンプライアンス、PL、新事業開発、意思決定
営業・企画	提案型セールス、コンサルティング営業
人事関連	人事アセスメント、目標管理、フォローアップ
研修・トレーニング	スキルアップ、リーダーシップ開発、グループ学習

出所：森時彦「日本ファシリテーション協会　東京研究会資料」に一部加筆

▶目的や事例に応じて使用するツールやプロセスが変わるだけで、基本的な進め方はほぼ同じです

また最近では、ビジネスの世界でもワークショップを導入するところが増えてきました。たとえば、目標達成への意欲や当事者意識を高めるために、組織のビジョンをワークショップを使ってつくりあげる。あるいはダイアログ（対話）を通じて、チームの共通意識と相互理解を深め、自らの問題点や可能性を探求していく――といった活用です。これらは、職場を離れたオフサイト研修としておこなう場合も多く、外部からファシリテーターを呼ぶケースも増えてきています。

次に応用事例が多いのは、継続的なプロジェクト活動のファシリテーションです。クロスファンクショナル（部門横断的）な

チームによる大きな組織変革やシステム開発では、ファシリテーションの巧拙によって、アウトプットが大きく左右されます。これからはファシリテーション能力がプロジェクトリーダーの必須要件とされるのは間違いないでしょう。そのために、大がかりなファシリテーション教育を始めた企業も現れはじめました。

さらにいえば、ファシリテーションは企業の人材活性化にも大いに役立ちます。今までのピラミッド型組織では、権限を持ったリーダー（マネージャー）になるしか出世の道はなく、縁の下の力持ちはあまり評価されませんでした。「裏方として組織を支えていきたい」という、控えめながらも熱意のあるビジネスパーソンは案外多く、そういう方々に新しい働きがいを与えてくれます。

たとえば、業務に関する知識が豊富なのにもかかわらず、意思決定の権限のないスタッフ管理職は、ファシリテーターに打ってつけの存在です。現場の知恵を引き出すのはもちろん、余剰感のある中高年に新たなやりがいを与えるのに大いに役立ちます。さらには、定年後にコミュニティ活動に参加したときに、ファシリテーション能力が大いに役に立ちますから、まさに一石二鳥といったところです。

ファシリテーションで組織を変える

ビジネス分野での応用として、今もっとも注目を集めているのが、組織改革のファシリテーションです。これこそ支援型リーダーシップの実践であり、「ファシリテーションで組織を再生させた」という報告を耳にする機会が増えてきました。

ある機械メーカーでは、一人のミドル管理職が改革に向けて立ち上がり、トップを動かして企業変革プロジェクトが始まりました。半年にわたる粘り強いファシリテーションの結果、現場のやる気をつむぎ出すことに成功し、一〇年間低迷していた業績を、見事V字回復に導きました。

ある都市銀行では、新任の支店長が、業績もムードも沈滞していた組織に新しいビジョンを灯し、ダイアログやワークショップを通じて自己成長へのモチベーションに火をつけました。そうして、全国の支店のなかでトップランクの成績をあげるまでに育て、活気あふれる支店をつくりあげました。

また、あるマーケティング企画会社では、社長自らが支援型リーダーとなり、コミュニティ型組織をめざして改革運動を始めました。そのなかで、個人の能力を最大限に発揮しながら組織全体のパフォーマンスを向上させる「学習する組織」をつくりあげ、業績を着実に向上させることができました。

このような報告を聞くと、支援型リーダーシップがビジネスの世界でも芽生えつつあるのを感じます。それとともに、トップの強いリーダーシップからスタートし、ファシリテーションでチームの潜在的な力を引き出し、最後にマネジメントで実行に落とし込むという、企業変革のセオリーも生まれつつあります。こういった組織改革のシステマティックな手法についてはまだ研究途上であり、そのなかでファシリテーションがどのように機能するのか、今後の研究成果が期待されるところです。

まちづくりに活かす合意形成型

都市計画やコミュニティデザインなどの、いわゆる「まちづくり」の分野で応用が盛んなのが、②合意形成型のファシリテーション（協働のファシリテーション）です。自分たちが暮らすコミュニティに対するさまざまな思いを共通の目標へとまとめていく、根気のいる活動となります。

問題解決型との大きな違いは、生み出した結果に正解がないことです。成果の良し悪しをはかる基準もなく、いかに納得性と合意の質を高めていくかが、ファシリテーターの役割となります。結論ではなく、そこに至るプロセスが重要となるのです。

合意形成型のファシリテーションでは、利害や価値観の違いから話し合いが深刻な対立に陥るのは日常茶飯事で、成果とメンバーの満足度のバランスに悩む場面もよくあります。そこをメンバーの満足の総和がマキシマムになるよう、最大多数の最大幸福に向けて、粘り強く対話を進めていきます。

合意形成型のなかで今後注目されるのが、NPO活動におけるファシリテーションです。今や日本でも膨大な数の非営利団体が活動しています。その中身を見ると、リーダーの個性と努力で引っ張る小規模なものから、企業顔負けの組織を持つものまでさまざまですが、その多くが企業と同じように組織運営の問題で頭を悩ましています。

NPOのような、メンバーが自発的な意思で集まった組織は、支援型リーダーシップが発揮できる最高の場です。専制的なリーダーシップや官僚的なマネジメントでは機能せず、ファシリテーションがなければ組織はまとまりません。強制力が効かないだけに、チームの自律的な力を引き出すしか方法がないのです。

NPOのリーダー層へのファシリテーション教育は、これからますます重要になっていくに違いありません。それとともに、企業でファシリテーション能力を身につけた人がNPO活動に参加することによって、ノウハウを活用する機会も増えてきます。ファシリテーションが、企業と社会をつなぐ結節点になっていくのです。

学習者が主体となる教育を目指して

③教育研修型のファシリテーションは、学校教育、企業研修、社会（生涯）教育、家庭教育など、幅広い活動で活用されているタイプです。本章の冒頭で述べたように、ファシリテーションはもともと学習を促進する技法として培われたものであり、いわば発祥の地です。

教育という言葉から多くの人がイメージするのは、「正しい知識を持った人（教師・講師）が持たない人（生徒・受講者）に転移させていく」という学習転移モデルではないかと思います。現に学校教育でも企業研修でも、このスタイルがいまだに主流となっています。

ところが、教える側にとって効率的なこの方法は、教えられる側にとって退屈で納得感に乏しいものといわざるをえません。底上げには向いていても、行動変容には結びつきにくいという欠点があります。

そこで考え出されたのが、「人は体験を通して学ぶ」という経験学習モデルをもとにした、学習者の体験と考察をもとに試行錯誤を繰り返して問題解決をしていく学習法です。ワークショップ、体験（参加型）学習、ゆとり教育の総合的学習の時間、フィンランドの対話教育、探求学習、ＰＢＬ（Problem Based Learning）などはこの流れを汲みます。

このような学習者主体の教育では、教える側の位置づけがまるで違うものになります。単に知識やスキルを教えるだけではなく、学習者の知識や経験を引き出し、自発的な学習を促すことが求められるようになってきます。従来のインストラクターからファシリテーターへと、役割が大きく変わらざるをえなくなるわけです。

しかも、社会的動物である人間は、人との関わりの中で学び、成長していきます。多様な個性と価値観を持った人々がぶつかり合い、活発な内省（省察）と相互作用（対話）を通じて、何を学ぶべきかを学んでいく。そんな「学び合い」の場を促進するのがファシリテーターの役目となります。

これからの組織や社会では、多様な考え方を持つ人と協働して問題解決できる能力が問われます。まさにＯＥＣＤ（経済協力開発機構）が学習到達度調査（ＰＩＳＡ）で求めているものです。そんな能力は、〝管理〟では育成できず、自らの学習を〝支援〟していくしかないのです。

3　ファシリテーターに求められる技術

ファシリテーションで用いる四つの基本スキル

ファシリテーターに求められるスキルは広範囲に及び、活用分野によっても変わってきます。実践的なスキルとしては、「コミュニケーション（対人）系のスキル」と「思考（論理）系のスキル」のふたつに大別できます。本書では、企業における会議やプロジェクトでのファシリテーションを念頭に、四つのスキルを紹介していくことにします（図2-3）。ワークショップと、ワークショップでのファシリテーションについては、拙著『ワークショップ入門』（日経文庫）をご参照ください。

①場のデザインのスキル――場をつくり、つなげる

なにを目的にして、誰を集めて、どういうやり方で議論していくのか、知的相互作用の場づくりからファシリテーションは始まります。単に人が集まってもチームにはなりません。目標の共有から、協働意欲の醸成まで、チームビルディングの成否がその後の活動を左右します。

図2－3 ◉ 問題解決型ファシリテーションの4つのスキル

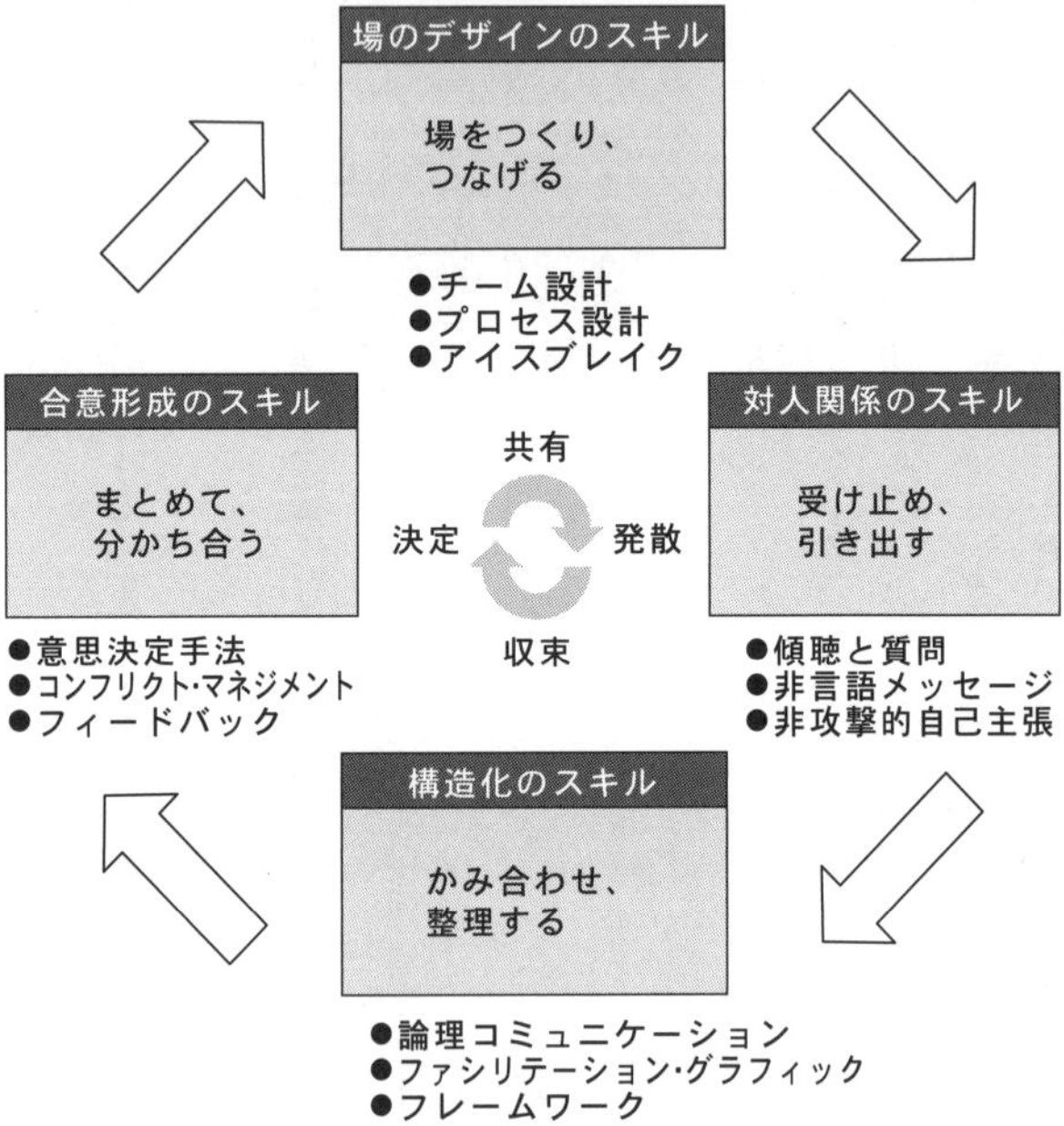

▶活動のステージに応じて重要視されるスキルが変わるものの、常に4つのスキルが求められます

もうひとつ大切なのが活動のプロセス設計です。問題解決プロセスや体験学習プロセスなど、基本となるパターンはいくつかあります。それをベースに活動の目的とチームの状態に応じて一つひとつのアクティビティを組み立てていかなければなりません。残念ながら、個々のアクティビティの体系化が十分になされておらず、ファシリテーター個人が持つ経験とノウハウに依存しているのが現状です。

②対人関係のスキル――受け止め、引き出す

活動がスタートすれば、自由に思いを語り合い、あらゆる仮説を引き出しながら、チーム意識と相互理解を深めていきます。問題解決でいえば、発散のステップです。

このときファシリテーターは、しっかりとメッセージを受け止めると同時に、そこにこめられた意味や心の底にある本当の思いを引き出していかなければなりません。具体的には、傾聴、復唱、質問、主張、非言語メッセージの解読など、コミュニケーション系（右脳系・EQ系）のスキルが求められます。

③構造化のスキル――かみ合わせ、整理する

発散が終われば収束です。論理的にもしっかりと議論をかみ合わせながら、議論の全体像を整理して、論点を絞り込んでいきます。多くの場合は、「ファシリテーション・グラフィッ

ク」と呼ばれる、図解を使った構造化手法を用いて、議論を分かりやすい形にまとめていきます。

このあたりはロジカルシンキングをはじめとする、思考系（左脳系・ＩＱ系）のスキルが求められます。加えて、構造化のツールをできるだけ多く頭の引き出しに入れておいて、議論に応じて自在に使い分けられなければいけません。

④合意形成のスキル——まとめて、分かち合う

論点がある程度絞られてきたなら、創造的なコンセンサスに向けて意見をまとめていきます。問題解決でいえば、意思決定のステップです。

多くの場合には、ここでさまざまなコンフリクト（対立、葛藤）が生まれ、簡単には意見がまとまりません。コンフリクト・マネジメントのスキルが求められ、ファシリテーターの力量がもっとも問われるところです。

ひとたび合意ができれば、活動を振り返って個人や組織の学びを確認し、次に向けての糧としていきます。体験を学習へ、学習を行動へと結びつける技術が大切になります。

実際には、この流れを二〜三時間の会議のなかで回すこともあれば、一泊二日程度のワーク

ショップで進めていくこともあります。長期間にわたるプロジェクトでは、このサイクルを何回か回しながら、少しずつ活動を前に進めていきます。

多様な経験がレベルアップにつながる

これらはあくまでもビジネス活動を中心にした、問題解決型のファシリテーションのスキルです。ファシリテーションといっても図2-1で示したタイプによって、求められるスキルがまったく違ってきます。成果志向・組織志向になるほど、経営学をベースにした論理的で体系的な形式知としての技術が求められ、学習志向・個人志向になるほど、心理学をベースにした直観的で属人的な暗黙知の領域になります（図2-4）。

また、ビジネス活動では、損か得かという「功利的な問題」をおもに扱うのに対して、社会的な活動では善し悪しといった「規範的な問題」や好き嫌いといった「感情的な問題」が加わってきます。それだけ問題解決が複雑になり、ファシリテーターに求められるスキルもレベルアップします。もちろん、規範的な問題や感情的な問題は、ビジネス活動においても内在しており、組織と人の関係が変化していくなか、ますますその重要性が高まってきています。

加えて、ファシリテーションはメンバーの自律的な力で目標達成に導くものであり、ＮＰＯ

図2－4 ◉ タイプ別ファシリテーション・スキルの違い

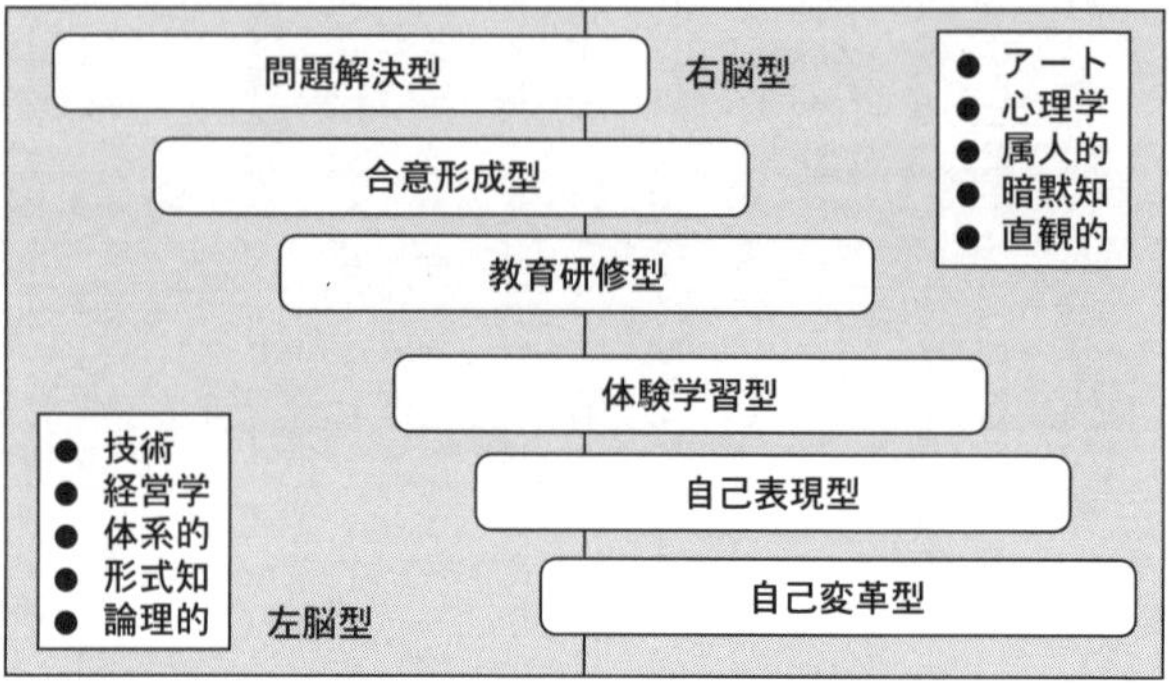

▶タイプによって割合が変わるだけで、ファシリテーションには右脳型・左脳型の両方のスキルが必要となります

	メンバー	リーダー	プロフェッショナル
会議	難度小		
プロジェクト（チーム）			
組織全体			難度大

▶ファシリテーションは誰もが持つべき社会的スキルのひとつであり、活動の場と役割に応じて求められるレベルが変わります

やボランティア活動のような、自発的な意思で集まった組織でこそ真価を発揮します。そういったことを考えれば、社会的な活動のファシリテーションの経験は、ビジネス活動でも大いに役立つのです。

それから、ときどき勘違いする人がいるのですが、ファシリテーションは一部の専門家だけが持つスキルではありません。社会的なスキルのひとつであり、常に組織と関わって生きていく現代人であれば、誰もが持たなければならないものです。メンバーにはメンバーなりの、リーダーにはリーダーなりのファシリテーション・スキルがあり、その能力が高い人がプロとして活動しているだけなのです。

COFFEE BREAK

――協働作業を理解するエクササイズ(2)――

①10～20人で１組のグループとなり、手を取り合って大きな円陣をつくります。円陣ができたら目をつぶってファシリテーターの指示を待ちます

②ファシリテーターは、「絶対に目を開けずに、全員で正方形をつくってください」と指示します。声は出しても構いません。形ができたと思ったら、作業終了を声に出して宣言してもらいます。ファシリテーターはグループごとにできあがりまでの時間を計り、グループ対抗で時間を競います。

③正方形ができたなら、正三角形、二等辺三角形、長方形と形を変えて、同じようにできあがりまでの時間を競います。

④一通りエクササイズが終わったなら、各グループで活動を振り返ります。コミュニケーションの適切さ、リーダーシップ、フォロアーシップ、自主的参加などについて話し合います。

出所：「日本ファシリテーション協会」のウェッブサイトより

さらにいえば、組織の規模が大きくなるほど、メンバーの多様性が増すほど、活動の期間が長くなるほど、ファシリテーションが難しくなります。ビジネスでいえば、会議よりもプロジェクトの方がハイレベルとなり、組織変革のような組織全体のファシリテーションはさらに上をいくレベルとなります。おそらく、社会変革のファシリテーションは究極のレベルとなるでしょう。ファシリテーションの上達に終わりはなく、分野やレベルが違えば、必ずそこに学びがあるのです。

［Ⅲ］

場のデザインのスキル——場をつくり、つなげる

1　チーム活動の場をデザインする

場をデザインする五つの要素

単に多くの人を集めれば、優れた問題解決ができるわけではありません。質の高い場をつくりだし、チームの力が最大限に発揮されるように、あらかじめ段取りをしておかないといけません。チーム活動の設計は、問題解決活動の水先案内人であるファシリテーターの最初の仕事であり、活動の成否を左右する重要なステップです。

ワークショップで「場のデザイン」といえば、会場選びから椅子や机の配置、さらにはチームのムードづくりなど、空間のデザイン全般を意味します。ここでは、このような物理的な空間を含めて、異なる人々が知識を共有しながら、新しい創造を生み出していく知覚的なスペースを「場」と呼び、そのデザインを考えていきます。

具体的には、チームづくりから活動プロセスのデザインまで、チーム活動の枠組みの設計を意味します。実際には、これらの作業は、リーダーやクライアントと相談しながら、一つひとつ決めていくことになります。

①目　的

目的があって初めて、組織は組織として機能します。共通目的は、協働意欲とコミュニケーションと合わせて、組織の三要素のひとつといわれています。目的とは「チームは何をめざして活動をするのか」という「方向性」のことです。組織やプロジェクトでいえば「ミッション」（使命）にあたり、会議やワークショップでいえば「狙い」になります。

目的は、「なんのために活動をするのか」「なぜ我々が集まっているのか」という「活動の意味（意義）」に他なりません。その意味がメンバーできっちりと共有されていないと、活動がチグハグになってしまい、効果的なチーム活動にならないのです。

案外、この点がおろそかにされたり、あいまいにされたりするケースが多く、多くのプロジェクトでのトラブルの原因になっています。企画の段階で目的を明確にしておくとともに、それをどうやってメンバーに徹底させるのか、落とし込みのやり方も考えておく必要があります。

②目　標

目的は方向性です。それだけでは何をめざせばよいのか、具体的な姿が見えてきません。そこで必要になるのが到達点（ゴール）、すなわち「目標」です。組織やプロジェクトでいえば「ビジョン」（めざす姿）にあたり、会議やワークショップでいえば「アジェンダ」になります。

目標はひとつとは限らず、複数あっても構いません。大切なのは、メンバーの頭のなかでゴールの姿やアウトプット（成果物）のイメージが湧きやすいよう、またその食い違いが生まれないよう、具体的に表現することです。

たとえば「新規事業のアイデア」を目標にするなら、「○年以内に○億円の売上をめざす事業アイデア」といったように、成果のレベルを決めておく必要があります。そうしておけば、活動が終わった後で振り返る際の判断基準にもなります。報告書やアクションプランをまとめるのなら、どういう内容のものをつくるのか、目次くらいは用意しておきたいところです。

また、学習などの内面的な成果を求めるときでも、「みんなが○○な気持ちになる」「チームで○○が起きる」など、予定通りにいったときのイメージを事前にすり合わせておくとよいでしょう。

③規　範

どんな組織にもさまざまな規範（ルール）があります。たとえば企業や団体では「バリュー」（行動指針）といった形で表された規範があります。これは組織の価値基準になるだけではなく、メンバーの言動の意味を解釈するための共通の物差しにもなります。

チーム活動においても、チームのなかだけで通用する行動指針があれば便利です。とはいえ、急ごしらえのチームでいきなり価値観を合わせろというのは無理な話です。「多様性を尊重する」「オープンな活動をする」といった社会的な価値基準のなかで、特にこだわりたい点を挙げるのが、やりやすい方法です。

もうひとつ決めておきたいのが、「グラウンドルール」と呼ばれるコミュニケーションや情報の共有化を進める上でのルールです。議論を円滑に進めるのはもちろん、議論の進行を妨げる人に対処する際のよりどころにもなります。ファシリテーターもこのルールに従うとともに、お目付け役の役割も果たします。あまり抽象的な言葉を並べるよりは、「人の話をよく聴く」「肩書や立場を忘れる」といった具体的な表現の方が使いやすくなるでしょう（図3-1）。

④プロセス

プロセスとは、目標に到達するための道筋（ロードマップ）です。メンバーの歩調をそろえるためにも、個々の活動の位置づけを理解するためにも、活動の前にプロセスを明らかにしてチームの同意をとっておかなければいけません。

図3-1 ◉ グランドルールの例

ワークショップ10カ条

①聖域をつくらない	⑥人の話をよく聴く
②縄張り意識を持たない	⑦最後まであきらめない
③相手を非難しない	⑧思い込みを捨てる
④肩書や立場を忘れる	⑨強がりを言わない
⑤愚痴や文句を言わない	⑩楽しく議論する

▶グランドルールは、チーム全員で意味を確認した上で、よく見える位置に貼り出しておくとよいでしょう

いつどんな活動をやっていくのか、チーム活動の段取りを設計することをプロセス・デザインと呼びます（ワークショップでは、プログラム・デザインといった呼び方をすることもあります）。目的やメンバーに応じて、さまざまなツールやアクティビティ（モジュール）を組み合わせながら、活動の内容をデザインしていきます。手法をたくさん知っておくだけではなく、どんな場合にどんなアクティビティがふさわしいのか、経験の蓄積がものをいいます。これについては、のちほど詳しく紹介します。

あわせて、プロセスを円滑に進めるために、電子メール、テレビ会議、グループウェアなどのコミュニケーションや情報収集の手段についても、忘れずに考えておきましょう。

⑤メンバー

実質的に、活動の成果にもっとも大きな影響を与えるのはメンバーの選定です。目的にふさわしいメンバーを選ぶのはいうまでもなく、重要な利害関係者をモレなく加えておかないと、せっかくのアイデアが実行されずにお蔵入りとなってしまいます。メンバーは多すぎても少なすぎてもいけません。一般的には、五人、二〇人、一〇〇人、五〇〇人といった単位でチームの質が変化するといわれており、「最小多様性」の原理にのっとって、できるだけ少ない人数で最大の知恵を集めるようにします。

人数を増やすほど集まる知識は増えますが、人を増やすことの効果は落ち、合意形成も難しくなります。「二〇%の人で八〇%の仕事はカバーできる」という「パレートの法則」を頭に入れて、効率のよいメンバー選びを心がけましょう。メンバーは必ずしも固定化する必要はなく、常にチームをオープンにしておくのも、よい成果を生み出す秘訣です。

後述するように、チームの力を最大限に発揮させるには、メンバー同士の相性も考える必要があります。ところが、ファシリテーターの裁量でメンバーを取捨選択できるケースは、どちらかといえば稀です。多くは、組織のバランスでメンバーが割り振られたり、自薦や公募の形でメンバーが決まったりします。そうした場合でも、活動のなかで緩やかな役割分担を決めたり、キーパーソンを見つけて活用したりしながら、チームの力を最大限に発揮させなければ、優れたファシリテーターとはいえません。

2　基本プロセスを使いこなす

活動のプロセスは、目的やチームによって千差万別です。あるワークショップでうまくいったプロセスでも、別のワークショップで成功するとは限りません。あらゆる病気に効く万能薬はなく、患者や症状に合わせて処方箋を書かなければなりません。

といっても、診察から治療に至る大きな流れには、いくつかの「型（パターン）」がありま す。これから紹介するパターンを基本にしながら、目的に応じてバリエーションを展開していくことが、よいプロセスをデザインするための近道です（図3-2）。

「起承転結」型プロセス

まず、あらゆる活動に使える基本形として覚えてほしいのが、「起承転結」型のプロセスで

図3-2 ◉ プロセス・デザインの基本形

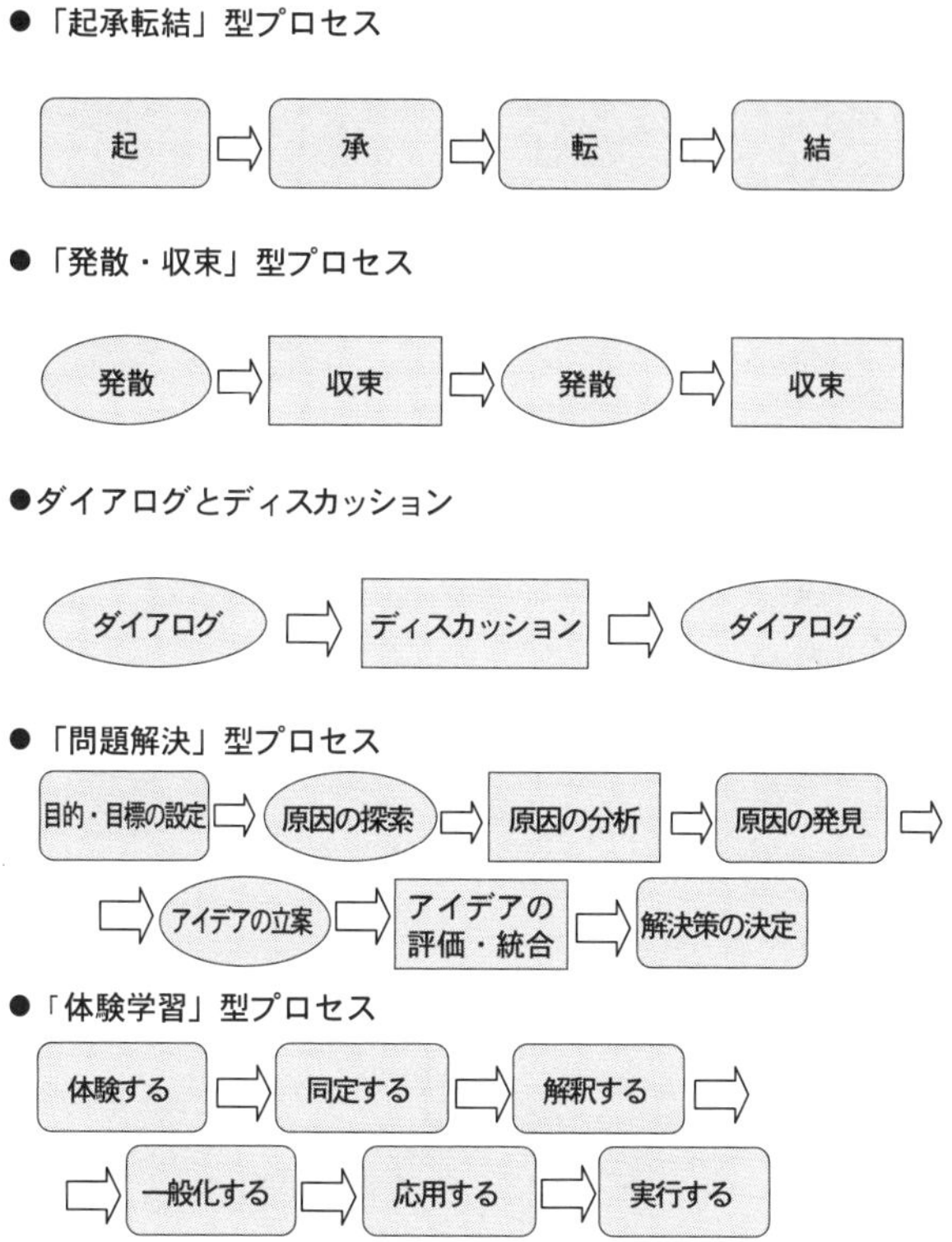

▶複数のプロセスを組み合わせたり、アクティビティの順番を入れ替えたりして、目的に最適なプロセスを設計していきます

す。

①「起」

活動の狙いや全体像をチームで分かち合い、アイスブレイクと呼ばれる手法を使って心や体の緊張を解きながら、チーム意識を芽生えさせていきます。いわゆる「つかみ」と呼ばれる部分で、テーマに対する興味や意欲を引き出すことが大切です。ときには、挑発したりかき回したりして、チームをそそのかすようにします。

②「承」

自発的に参加させ、相互作用を発揮させ、活動をドライブさせるのが「承」「転」の役割です。「承」では、テーマに関する思いや疑問をメンバー同士で素直に出しあいながら、テーマに対する探求と相互理解を深めていきます。そのきっかけとして、共通の体験をさせたり、考える材料をファシリテーターが提供したりします。

③「転」

「承」で出てきた意見を、チーム全体または小グループに分かれて創造的なものへとまとめていきます。このステップに来ると、互いの考えがぶつかり合い、予想もしなかった素晴らしいアイデアが出る反面、さまざまな葛藤も生まれます。そこをどう乗り越えるかがポイントとなります。

④「結」

対立を乗り越えて、個人では到達できない新しいアイデアや学習が生み出せれば、「結」の部分に入ります。成果をまとめて全員で分かち合いながら、学んだことを知識化していきます。ワークショップでは、グループ発表と全体討議というやり方がよく用いられます。そして最後に、次の行動を考え、活動の意味を振り返って今後の糧にしていきます。

「発散・収束」型プロセス

創造的なアイデアを生み出すときに使いたいのが、「発散・収束」型プロセスです。優れたアイデアを生み出すには「できるだけたくさんのアイデアから最良のものを選び出す」のが望ましく、その原理を応用したものです。

活動はふたつのステップからなります。前半部分ではメンバーの思考を発散させて、アイデアの質は問わずに量を増やすことに専念します。ブレーンストーミングはそのために最適な手法で、「自由奔放」「質より量を」「批判厳禁」「付け足し歓迎」の四つのルールをきっちり守らなければなりません。声の大きい人からしかアイデアが出ないようなら、付箋を使ってアイデアを書き出すというやり方もあります。

自由に発想するだけではアイデアが偏りがちなときもあります。そういうときには、アイデアの切り口を示したワークシートを用意したり、発想のカギとなるような場面や役割を設定したりして、強制的に発想をひねり出していきます。いずれの場合でも、ファシリテーターの引き出し方がカギとなります。そのためのスキルについてはⅣ章で解説していきます。

こうやって思考が十分に発散できれば、アイデアをまとめていく後半のステップに入ります。そのためにはまず、発散させたアイデアを整理して全体像を明らかにします。この作業はファシリテーターが一人でやるのではなく、必ずチームの共同作業としておこなわなければいけません。整理が終われば、最良のものを選び出す、あるいは統合して最適なものに磨き上げるかして、ひとつのアイデアへと絞り込んでいきます。このあたりの手法やツールを提供するのもファシリテーターの大切な役目です。Ⅴ章・Ⅵ章で紹介します。

「発散・収束」型プロセスのポイントは、発散と収束を混ぜないことです。発散のステージなのにまとめにかかろうとする人や、収束のステージで話をふくらまそうという行為は、柔らかく戒めなければなりません。また、どの時点で発散から収束へ切り替えるのかも重要なポイントです。十分に発散ができれば自然と収束しようという力が生まれるはずで、そのタイミングを的確に見極めるのです。

ダイアログとディスカッション

人と人との話し合いは、大きく分けて「ダイアログ（対話）」と「ディスカッション（議論）」があります。

ダイアログは、物事の意味を探求するための話し合いです。テーマに関していろいろな角度から意味を考える拡散型の会話をおこないます。その過程を通じて、自分を振り返り、互いの理解を深め、チームとしての共同思考を生み出していきます。

それに対してディスカッションは、ひとつの解答をめざして知識を寄せ合う収束型の話し合いです。お互いの主張をぶつけ合い、よりよい答えを見つけだそうというものです。意思決定のための話し合いといってもよいかもしれません。

このふたつは、どちらがよいというのではなく、目的に応じて使い分けていかなければなりません。たとえば、活動の冒頭では、目標に対する共通のイメージが持てなかったり、互いの思いが十分に通じ合っていなかったりします。こういうときこそ、ダイアログが有効です。

「現在の状況はなにを示しているのか?」「どういう影響を我々にもたらすのか?」「これから

自分たちが今なにをすべきか?」など、活動の意味を語り合ってみるのです。

ただし、これは結論を出すためのものではなく、あくまでも考えるための話し合いです。出された意見はすべて仮説であり、判断や結論を求めてはいけません。相手や自分の内面から生み出される言葉に深く耳を傾け、隠れた仮説を引き出し、物事の本質や意味を考えていきます。丹念にそのプロセスを重ねれば、チームとしての共通の意識が生まれてくるはずです。そこを間違えてディスカッションしたのでは、混乱をさらに複雑にしてしまうだけです。

一方のディスカッションは、どちらかといえば活動の後半戦で登場します。問題解決のアイデアをつくりだしたり、幅広い合意を形成するには、ディスカッションでないと用をなしません。そのときでも、自分たちのやっていることを見失ったり、根本的なところで意見が食い違ったりするようなら、もう一度ダイアログに戻って、意味を話し合わなければなりません。また、活動が終わった後でも、ダイアログを通じて活動の意味を考えるのも、大いに意義のあることです。

「問題解決」型プロセス

先に述べたように、問題解決とは望ましい姿と現状のギャップを埋める行為です。ですので、現状を知る（問題把握）、あるべき姿を描く（目標設定）、ギャップを埋める手段を考える（解決策立案）、の三つの議論が必要となります。

この三つをうまく組み合わせて合理的に物事を決め、問題解決の質を高めようというものが「問題解決」型プロセスです。コンセンサスをひとつずつ積み上げるために納得性の高い成果が得られます。問題解決型のファシリテーションに限らず、合意形成型や教育研修型でもよく使われています。

「問題解決」型プロセスは、問題の種類やチームの状態によって三つの議論の組み合わせ方が異なってきます。代表的なパターンとしては次のようなステップになります。

①目的・目標の設定：めざすべき目的や目標を明らかにして共有します
②原因の探索：幅広く情報を集め、目的達成を阻害している要因を洗い出します
③原因の分析：情報をさまざまな角度から分析し、原因発見の糸口を見つけます
④原因の発見：目標達成を阻害している原因を特定して共有します
⑤解決アイデアの立案：問題を解決するためのアイデアを生み出します
⑥アイデアの評価・統合：アイデアを評価または統合して解決策の選択肢をつくります
⑦解決策の決定：選択肢からひとつの解決策を選び取ります

よく見るとこれは、「発散・収束」型プロセスの応用にもなっています。②原因の探索、⑤解決アイデアの立案が発散のステージであり、できるだけたくさんの仮説や選択肢を発想していきます。一方、③原因の分析、⑥アイデアの評価・統合が収束のステージであり、数ある選択肢のなかから最適なものを絞り込んでいきます。

ちなみに、その前後にある①④⑦が共有のステージです。共有↓発散↓収束↓共有といったサイクルを二度回すことによって、優れた問題解決をおこなおうというものです。そのため、個々のステージで使う手法やツールは、「発散・収束」型と同じものを使います。

「問題解決」型プロセスを進める上でのポイントは、一つひとつのステップをきっちり消化して、合意を積み上げていくところにあります。消化不良のまま先に進んだり、ステップをひとつ飛ばしたりすると、必ずどこかでしっぺ返しをくらいます。組織による問題解決の失敗の多くはここにあり、全員の歩調を合わせることがなにより大切です。特に①〜④の前半のサイクルが重要であり、④原因の発見でコンセンサスができれば、活動は七〇％以上終わったと思ってもよいくらいです。

「体験学習」型プロセス

最後に、「体験学習」型プロセスを紹介しておきましょう。体験学習とは、メンバーに新しい体験をさせ、そこで生まれた気づきを知識にまで高め、深い学習をしようというものです。学校教育から企業研修まで、幅広い分野で取り入れられているプロセスです。

活動全体のなかで次に紹介するサイクルを回しながら、個々のアクティビティのなかにもこのプロセスを埋め込むのが一般的な使い方です。そのため、ファシリテーターはことあるごとにフィードバックを求め、気づきを学びにつなげていきます。

①体験する

新しいことを体験させ、なにをした（しなかった）か、そのときなにを感じてなにを思ったかを考えさせます。感受性を呼び起こし、気づきを促していくのです。

②同定《どうてい》する

いわゆるシェアリング（分かち合い）というステップで、自分の気がついたことを人に伝えてみて、どこが同じでどこが違うのかを知ります。

③解釈する

なぜそのように感じた（行動した）のか、それが自分にとってどんな意味があったのか、分析させます。

④一般化する

そのことからなにを学んだのか、それにはどのような原理や原則が働いているのかを考え、自分が学んだことを知識として一般化します。

⑤応用する

一般化ができれば、これからどのようなとき（場面）に応用できるか、次の課題や行動目標を考えます。

⑥実行する

次の行動に向けて必要なことや、実行した（しない）ときになにが得られるのかを考え、新たな課題に向けての準備をします。実行ができれば、①に戻って新たな学習のサイクルを回していきます。

ちなみに、ファシリテーションを身につける場合にも、このプロセスを使います。グループ学習とフィードバックを通じて、後で述べるスキルを一つひとつ身につけていくのです。

3　効果的なチームをつくる

メンバー特性をチームづくりに活かす

チームビルディングとは、メンバーの力が最大限に発揮できるような、最適なチームをつくりあげる技術です。その際の手がかりとなるのが、メンバーの思考や行動の特性です。人のタイプ分けに関してはさまざまな手法があります。代表的なものをいくつか紹介しておきましょう（図3-3）。

交流分析（TA）と呼ばれる手法では、「厳しい親」「優しい親」「大人」「自由な子供」「従順な子供」の五つのタイプに分けています。また「エニアグラム」と呼ばれる手法では、「改革する人」「助ける人」「達成する人」など、人を九つの性格タイプ（気質）に分類し、チーム編成やチームワークの向上に活用します。

一方、「ハーマンモデル」と呼ばれる人間の脳機能をモデルにした手法では、思考や行動のパターンを「理性的」「経験的」「組織的」「感性的」の四つに分類します。他にも、自己主張

図3-3 ◉ メンバーのタイプ分けモデル例

●交流分析（TA）

項目	特徴
批判的な親心（CP）	責任感、理想、信念、厳しい、批判的、父親的
養育的親心（NP）	保護的、受容的、優しい、甘やかし、おせっかい
合理的な大人の心（A）	理性的、客観的、分析的、冷静、理屈、冷淡
無邪気な子供の心（FC）	創造的、積極的、元気、自由奔放、衝動、我儘
順応した子供の心（AC）	従順、素直、遠慮、人見知り、消極的、依存的

●エニアグラム

タイプ	特徴
改革する人	完璧を求める、理想に向けて努力する、公正と正義
助ける人	人に手を貸す、情け深くて共感的、親切で温かい
達成する人	成功を求める、効率よく努力する、実績を重視する
個性的な人	平凡を嫌う、感動を大切にする、自分に正直である
調べる人	冷静に観察する、知識を蓄える、じっくりと考える
忠実な人	誠実である、責任感が強い、権威に従順である
熱中する人	楽観主義的である、好奇心が強い、人生を楽しむ
挑戦する人	自己主張が強い、強さを求める、勇気を持って戦う
平和をもたらす人	調和を求める、落ち着いている、他人に合わせる

●ハーマンモデル

技術者 理性的 論理的 分析的	芸術家 経験的 直観的 全体的
計画的 組織的 秩序的 公務員	対人的 感性的 精神的 教師

●コーチング

	感情が出にくい	感情が出やすい
自己主張が強い	コントローラー 織田信長	プロモーター 豊臣秀吉
自己主張が弱い	アナライザー 徳川家康	サポーター 山内一豊

▶タイプ分けはチームづくりに活用するだけではなく、メンバーの特性に合わせたファシリテーションをおこなうためにも使います

や感情表現の強弱で、「コントローラー」「サポーター」「アナライザー」「プロモーター」の四つに分ける手法もあります。

一般的に、同質の人間が集まるチームでは、意思決定は速くなるものの、創造的なアイデアが出にくくなるといわれています。課題が明確で、そこに向けて短期集中的に成果を出したいときに効果的です。活動当初は議論が盛り上がりメンバーも楽しく参加するのですが、だんだん活動が沈滞化してしまい、自然消滅していく危険性があります。

逆に、異質な人間の集まるチームでは、合意形成に時間を要するものの、多面的な角度から課題が検討でき、創造的なアイデアが出やすくなります。まったく新しい概念のものを生み出したり、不確実な状況のなかで戦略的な答えを見つけ出したりするときに力を発揮します。その反面、チームをまとめるのに時間とエネルギーを要し、下手をすると空中分解してしまう恐れがあります。

どちらのチームがファシリテーターとしてまとめやすいかは、一長一短があり、一口にはいえません。いずれにせよ、個々のメンバーのタイプをなるべく早く見極め、それに合ったコミュニケーションを心がけることが大切です。加えて、メンバー同士のタイプの違いを理解させ、橋渡しをするのも重要な役目となります。

また、これらのタイプ分けの手法は、メンバーの役割分担を考える際にも役に立ちます。チームには、リーダー役、マネージャー役、調整役などさまざまな役割があり、どれが欠けてもうまくいきません。役者に過不足がないようチームをつくり、個性に合った役割を割り振ることがよいチームをつくる秘訣です。

チーム活動のベースをつくる

チーム編成にいくら工夫を凝らしたり、目的意識を徹底させたりしても、チームがチームらしくなるには時間がかかります。最初はどうしても個人としての意識が強く、人の意見に耳を傾ける余裕がありません。互いの考え方の枠組みやコミュニケーションスタイルの違いがぶつかり合い、さまざまな対立が生まれるのが普通です。

組織が組織として機能していく過程を「組織の社会化プロセス」と呼び、話し合いの場が成熟していく過程に他なりません。最初の段階での意識のすり合わせをいい加減で済ませてしまうと、必ず後でギャップが大きくなり、チーム活動を深刻な危機に追い込む可能性があります。成果をあせる気持ちをこらえて、活動初期での意識のすり合わせには十分な時間をかけ、全員が納得できるよう、一つひとつ合意を確認していく必要があります。

初期の段階でしっかりやりたいことが三つあります。ひとつは、活動のテーマやプロセスの納得性を高め、情報や意識を徹底的に共有化することです。そのためには、場のデザインそのものにメンバーを参画させるのがもっとも効果的です。二つ目は、発言の自由を保障して安心感を与えることです。これには、ファシリテーターの振る舞いが大きく影響します。

そして三つ目に、ファシリテーターとメンバー、あるいはメンバー同士の信頼感をつくりあげることです。後述するアイスブレイクやダイアログは、こういうときに有効なツールとなるはずです。メンバーの個人の殻があまりにも強い場合には、ガス抜きを徹底的にやらせるのも手です。

とはいえ、いつまでも入り口の議論を続けるのも考えものです。「やってみないと分からない」というのも真実で、活動前にいくら入念に議論しても、本当の意味での意識の違いは分かりません。活動を進めていくうちに、進め方や判断基準の違いが露呈し、そこで初めて価値観がずれていたことに気がつくものです。

入り口の議論が長引くようなら、グラウンドルールや役割分担などの決め事をすべて仮置きにしたり、粗く決めるにとどめておいて、活動をある程度進めてからもう一度見直すのが得策です。やっているうちに互いの考え方が理解でき警戒心も解かれ、いずれスムーズに活動が進んでいくようになるはずです。

アイスブレイクで場をつくる

アイスブレイクは、チーム意識の醸成を加速させるのに欠かせない手法です。教育研修型や体験学習型のワークショップでは必ずおこなわれ、ビジネスでも取り入れるところが増えてきました。

アイスブレイクとは、文字通り氷（ice）のように冷たくて硬い雰囲気を壊す（break する）アクティビティです。初対面の人同士や、立場や考え方が異なる人が集まると、最初はどうしても緊張したり警戒したりします。なんとなく居心地が悪く、どれくらい意見を言ってよいのか、ためらいや戸惑いもあります。すぐには、自由に意見を出し合う雰囲気にはならないのが普通です。

そこで、ゲーム的な要素を取り入れたチーム活動を通じて、心と体の緊張をほぐそうというのです。メンバー同士を知り、話し合うキッカケをつくり、互いの意見を受け入れやすくするのにも役立ちます。

アイスブレイクには膨大な種類がありますが、大きく三つに分けられます。一つ目は、メンバー同士が知り合うことに焦点を当てたものです。知らない人とペアを組み、数分ほどの時間を与えてインタビューしてもらい、その後全員のインタビュー相手を紹介する「他己紹介」が代表的なものです。

二つ目は、体をほぐすことによって緊張を解くものです。ファシリテーターの号令で輪になって隣の人の指をつかむ「キャッチ」や、順番にひとつずつポーズを真似していく「動作の足し算」などがあります。

三つ目は、緊張をほぐすだけではなく、アイスブレイクを通じてなにか学びがあるものです。ウォームアップ・エクササイズとも呼ばれます。

たとえば、「流れ星」と呼ばれるアイスブレイクがあります。ファシリテーターが語る言葉（例：流れ星、竜巻）を、質問を一切差しはさまずに順に絵にしてもらうと、同じ指示でもまったく違った景色が生まれます。その違いから、コミュニケーションの難しさや多様性を学ぶというわけです。

このようなアイスブレイクは、チーム活動を始めるときはもちろん、ブレーンストーミングをおこなう前や議論が煮詰まってきた場合に使うと効果があります。ファシリテーターとしてはなるべくたくさんポケットに入れておいて、チームの状態を判断しながら、いつでも取り出せるようにしておきましょう。

誰がファシリテーターを担うべきか？

場のデザインの最後に、一番やっかいな問題に言及しないわけにはいきません。誰をファシリテーターにするかです。

繰り返しになりますが、意思決定をするリーダーと、進行をつかさどるファシリテーターは分けて運営するのが基本です。リーダーは議論を見守るのにとどめ、チームがまとめた案の採否の判断だけをしてもらうのが理想的です。そうでないと、ホンネの議論になりにくくなってしまいます。

ところが、ファシリテーションは、プロセスを熟知しているだけではなく、コンテンツについてもそれなりの知識がないとうまくいきません。多くの場合、コンテンツについてもっとも知識があるのはリーダーを含めた利害関係者（当事者）であり、中立性とのジレンマに悩まされます。

外部からコンテンツに詳しい専門家を調達できればよいのですが、毎回そんなことをやっていられません。結局、コンテンツにある程度精通しながらも、なるべく利害関係の少ない人のなかから選ぶしかありません。企業の場合でいえば、経営企画や人事などのスタッフ部門の人間が、事務局や書記を兼ねて担当するのが無難なところでしょう。課内会議などの小さな会議で外から人を呼ぶまでもないときには、テーマに応じてもっとも利害関係の少ない人が交代でやるという方法もあります。

ところが、活動によってはリーダーや利害関係者がファシリテーターをやらないといけないケースも出てきます。こうなると、暗黙のうちに権威の力がチームにプレッシャーを与えてしまい、コンテンツへの影響がないとは

COFFEE BREAK

――アイスブレイクのエクササイズ――

①４～６人のグループに分かれて、Ａ４判ぐらいの大きさの紙を配り、それぞれ自分について４つの事実を箇条書きしてもらいます。ただし、そのうちのひとつに真っ赤なウソを紛れ込ませておきます（些細なウソよりも、巧妙かつ大胆なウソの方が盛り上がります）。
②順番に、名前とともにそのリストを読み上げ、残りの人はどれがウソかを相談して、グループとしての答えを決めます。
③自己紹介する人は正解を発表し、４つの事実について自己紹介を交えながら解説していきます。短時間で楽しく相手を知ることができ、見かけとは違う意外な人柄を発見できるかもしれません。
④時間があれば、さらにグループ対抗でウソを競い合います。各グループでもっとも巧妙なウソを選び出し、一人ひとつずつ名前とともに事実（一人はウソ）を紹介していきます。
⑤他のグループはそれを聞いて、一人だけウソを言っている人を見破り、グループで得点を競い合います。

出所：日本ファシリテーション協会のウェッブサイトより

限りません。

では、まったく不可能かといえば、決してそうではありません。中立性とは、第三者的な視点に立って公平に議論を裁いているかどうかがポイントで、最後は信頼関係の問題になるからです。組織のミッションや行動指針、会議のルール、チームの合意事項などの客観的な基準にもとづいて民主的に運営すれば、チームからの信頼は得られるはずです。立場としての中立性ではなく、実質的な運営（プロセス）での中立性が重要であり、それができればリーダーがファシリテーターを兼ねられないわけではありません。

また、ファシリテーターは活動のプロセスをつかさどるとはいえ、それが適切になされているかどうかを監視するのはメンバーの役割です。目に余るようなら、別の人に交代させることもできます。そのことを最初に伝えておけば、ソッポを向かれることもなく、互いに緊張感を持って活動ができるでしょう。

［Ⅳ］

対人関係のスキル——受け止め、引き出す

1　聴く力——傾聴で共感を呼ぶ

コミュニケーションとは分かち合うこと

チーム活動が順調に動き出せば、メンバーが自由に意見を出しあいながら、テーマを深掘りする作業に入ります。このステップでのファシリテーターの役割は、テーマに対する多面的な考え方を引き出し、創造的なアイデアを生み出すベースをつくることです。この段階では、本筋とは関係のない情報交換や情緒的な会話も歓迎されます。そうやって揺らぎや混沌を繰り返しながら相互理解を深め、安心して自由に議論できる場をつくり、自律的に議論が進むようにしていきます。加えて、メンバー一人ひとりの考えを知ることによって、その後の進行の方向性を模索していきます。

こうした活動の中心となるのがチームのなかのコミュニケーションであり、その良し悪しが成果の質を大きく左右します。メンバーの心理的なエネルギーを引き出し、互いを共鳴させ、信頼感と連帯感を生み出すためにもコミュニケーションは重要です。

コミュニケーションの目的は、情報、知識、感情、意思などを「分かち合う」ことです。分かち合うとは「相手と同じものを持つ」（星野欣生『人間関係づくりトレーニング』）ことです。それができて初めてコミュニケーションが成り立ったといえます。

ところが、人それぞれに考え方の枠組みがあり、自分と同じ枠組みを持った人はいません。自分の枠組みのなかで正しく伝えたと思っても、相手は相手の枠組みで解釈するので、別の意味になる可能性があります。そこにコミュニケーションの難しさがあるのです。

たとえば、上司が部下に「考えておいてくれ」と言ったとします。上司のコンテクストでは、「検討しろ」という命令を意味しているのかもしれません。ところが部下のコンテクストでは、「検討に値するかどうかを判断せよ」というように解釈するかもしれません。そうすると、「やれと言ったのに！」「そんなの聞いていません！」という議論になってしまいます。物理的に情報が伝わっていても、その意味が伝わらなかったからです。

一般にデータや事実など、情報の本体そのものを「コンテンツ（中身）」と呼びます。ところが、情報はコンテンツだけでは解釈できず、他の情報との関係性のなかで意味が理解されます。その関係性を「コンテクスト（文脈）」と呼びます。先ほど述べた考え方の枠組み、すなわち文化、風俗、習慣、規範、常識、価値観などがコンテクストです。

コンテクストのなかでコンテンツは位置づけられ、初めて意味のある情報になります。コンテンツだけではなくコンテクストも伝え、情報の「意味」を伝えないとコミュニケーションをしたことにならないのです。それどころか、のちほど述べるように、異なるコンテクストを共有するところから斬新なアイデアが生まれてきます。

意味の分かち合いができてこそコミュニケーションです。コミュニケーションのスキルについて学ぶ前に、まずこのことをしっかりと頭のなかに入れておきましょう。

耳で聞かず、心で聴く

人と人のコミュニケーションのなかでもっとも重要なのが、これから述べる「傾聴」(積極的傾聴:アクティブ・リスニング)です。ファシリテーターにとっては、質問と並ぶもっともベーシックなスキルとなります。

傾聴とは、一言でいえば「相手の話をしっかりと聴く」ことです。英語でいえば、hear(聞く)ではなく、listen(聴く)にあたります。「聴く」という漢字の成り立ちが示すように、耳で聞くのではなく、心で聴くのが傾聴です。

普通の人は、話すスピードより聴くスピードが速く、考えるスピードはそれよりもはるかに速くなっています。そのために、話を聴いているうちに隙間の時間ができてしまい、それを使って結論を先回りして想像したり、内容を吟味したりしがちです。場合によっては、次にどう答えようかと、自分の話したいことを頭のなかでまとめ始めます。これでは、とても聴いているとはいえません。

傾聴するには、相手の話に全神経をフォーカスしなければなりません。そうすると、いわゆる「耳を傾けて聴く」という態度になるはずです。一所懸命に相手を理解しようと、耳だけではなく相手の表情や動作にも注意を払うようになります。相手の眼を見ながら、相手の言葉を待つようにもなります。そうしてようやく、正しい傾聴になるのです。

そして、大切なのは相手の言う通りに話を受け止め、共感してあげることです。話をしっかり聴いてもらえれば、誰もが「受け入れられた」という安心感を持ちます。相手の人格を尊重し、一人の人間として「承認」したというサインになるのです。そうすれば、安心して自分の考えを伝えようと思い、意見がどんどん引き出されていくことになり、うまくすれば普段聞けなかったホンネの話も出てくるかもしれません。

傾聴は一見簡単なようですが、真剣にやろうとするとなかなか難しいものです。いつどんな相手にもできるようになるには、それなりの訓練が必要です。そのコツは、相手の話に興味を持って聴くことです。苦手な相手や嫌いな相手でも「よい点を見つけてやろう」「ためになることがあるはずだ」と思って聴けば、意外に新しい発見があるものです。またそうすることで、自分に対する相手の見方も変わり、人間関係そのものを変えるキッカケにつながります。

人と人が信頼感を築く上での基本となるのが傾聴なのです。ファシリテーターが率先垂範することで、メンバーから信頼を得るとともに、チーム全体にその輪を広げていきます。傾聴は、安心して自己の意見が表明できる場をつくる基礎となるのです。

復唱で相手を承認する

話を聴いているにもかかわらず、うつむいていたり、他の作業を同時にやっていたりしたために、「聴いているの?」と言われた経験が誰にもあるはずです。「メッセージをどのように受け止めたか」を決めるのは、送り手ではなく受け手です。いくら真剣に話を聴いていても、その気持ちが相手に伝わらないと、承認にはなりません。そういうときには、話を聴いたというサインを返してあげると、相手は承認されたことが実感できます。

一番簡単なフィードバックは、うなずくことです。これだけでも相手はずいぶん安心します。あわせて「ふ〜ん」「なるほど」と軽く相槌をうつと効果があがります。さらに、相手の言ったことをそのまま返す「復唱」をすると、共感的な気持ちが相手に伝わります。話の内容も確認でき、聞き手と話し手の双方の理解を深める効果もあります。

復唱には三通りのやり方があります。同じやり方を続けていると効果が薄れてきますので、適宜使い分けるようにしましょう。

①話の最後の言葉（語尾）を繰り返す

話し手：やっぱり、思い切ってやり直してみようと思うのです。

聞き手：そう思うのですね。

②話のなかで出てきたキーワードを返す

話し手：これからリーダーにとって、ファシリテーション能力は必要不可欠なスキルになっていくんじゃないですかね。

聞き手：これからは、ファシリテーションですね。

③話を自分の言葉でまとめて返す

話し手：あの商品は魅力的だとは思うのですが、なにか心に響くものがなくって、今ひとつしっくりこないんですよ。

聞き手：要するに、気に入らないというわけですね。

復唱をすれば、「受け入れられた」という感覚を相手は持ちます。ただし、これはあくまでもメッセージを受け止めたというサインであって、話に同意したわけではありません。単に「メッセージを脳にインプットした」という意思表示にすぎないのです。

ですから、「素晴らしい！」と内容に賛同したり、「それは良い（悪い）ですね」と評価する必要はありません。特にファシリテーターがメンバーに言葉を返す場合には注意が必要で、知らず知らずのうちに自分の思う方向へ議論を引っ張ってしまう恐れがあります。「なるほど……とおっしゃるのですね」といった、中立的な言い回しを心がけるようにしましょう。

ペースを合わせてから引き込む

傾聴や復唱と同じように、相手に共感を伝える技法に「ペーシング（同調）」があります。ペーシングとは、言葉遣い、口調、話すテンポ、表情、動作、姿勢など、コミュニケーションのペースやトーンを相手に合わせることです。たとえば次のような受け答えがペーシングです。

話し手　：あの部長ときたら、本当に腹が立つよ。俺が必死でとった仕事を自分の手柄のように吹聴するんだから。**（乗り出して両手を広げる）**

聞き手　：え！　そんなことをするとは、それはひどすぎる！（乗り出して両手を広げる）

感情的になっている相手に「まあ、そんなことは言わず、部長にもいいところがあるんだから……」と冷静な態度でいさめようとしても、「ちっとも分かってくれない奴だ！」と逆効果になるだけです。まずはペーシングで共感的な気持ちを伝え、親和的な関係をつくるのが先決です。

その上で、少しほとぼりが冷めたところで、「一体どうして彼はそんなことをしたのでしょうかね？」と自分のペースに引き込むのです。議論が白熱して激昂する人や疎外感を感じて批判的になる人に使うと効果があります。ぜひ覚えてほしいテクニックです。

さらにいえば、コミュニケーションのパターンそのものをペーシングするやり方もあります。論理的な話し方をする人には論理的に受け答えすると理解されやすく、「あいつは話の分かる奴だ」と共感的な気持ちが芽生えてきます。視覚的な感性の強い人には、図解を使ったコミュニケーションが、直観的な人には感覚的な表現を使ったコミュニケーションが適しています。

ペーシングを身につけるにもトレーニングが必要ですが、相手の気持ちになれば比較的簡単にできるようになります。母親が小さい子どもに接するときに、幼児語を使ったり大げさな態度をとったりするのもペーシングの一種であり、誰かに教えられてやっているわけではありません。良好な人間関係を築くために誰もが身につけているスキルのひとつであり、それを少し意識的に使えるようになればよいのです。

2 訊く力——質問で話を深める

開いた質問で発想を広げる

傾聴で話をしっかりと受け止めたなら、質問を使って話を深めていきます。中立な立場であるファシリテーターは、指導、助言、評価といった強制力をともなう言い回しは使えません。唯一安心して使えるのがこの質問です。それは、ファシリテーションのふたつのスタイルである、「プッシュ型（押したり）」でも「プル型（引いたり）」でも変わりません。

議論の進み具合に応じて当意即妙の質問ができるかどうかは、ファシリテーション能力の中核です。質問によってメンバー間の相互作用をコントロールすることもできます。また、メンバーの自発的な力を引き出すのにも質問は欠かせません。自分の頭で考えさせ、自分の口から答えを言わせるようにするのです。

質問には大きく分けて二種類があります。オープン・クエスチョン（開いた質問）とクローズド・クエスチョン（閉じた質問）です（図4-1）。

オープン・クエスチョンとは、「なに」「いつ」「どこ」「誰」「なぜ」「どのように」といった、いわゆる5W1Hで訊く質問です。受け手がオープンに答えられるので、聞き手のコントロールをあまり受けません。そのために、どちらかといえば発散系の質問になります。自由に発想をふくらますときや、なにかを探求したり内省したりするときに効果があります。

質の高い合意を生み出すには、表面的な発言をきれいにまとめただけでは意味がありません。発言の裏にある本当の思いを引っ張り出し、つむいでいくのがファシリテーションです。そういうときに使うのがオープン・クエスチョンなのです。

なかでも、うまく使いたいのが「なに（What）？」と「なぜ（Why）？」です。一般的に、事実に対してはWhat、意見に対してはWhyが適しているといわれています。

「なに？」は、ポイントを絞り込むのにも、話をふくらませるのにも使える万能選手です。たとえば、あいまいな発言は、「なに？」を使ってポイントを絞り込んでいきます。

図4-1 ◉ オープン・クエスチョンとクローズド・クエスチョン

	オープン・クエスチョン（開いた質問）	クローズド・クエスチョン（閉じた質問）
タイプ	質問に対する答え方が決まっておらず、回答者が自由に答えられる質問。相手の心のなかにある創造力を引き出すのに効果がある。	イエスかノーのようにあらかじめ答え方が決まっている質問。論点を絞り込んだり議論を誘導するときに役に立つ。
例	「皆さんのアイデアを聞かせてください」 「どこに原因があるのでしょうか」 「どうすれば実現できるのでしょうか」	「このアイデアを採用しますか」 「原因はリーダーにあると思いますか」 「この方法で実現できますか」

オープンとクローズドの合わせ技

●オープン→オープン
ブレーンストーミングなど、話を創造的に広げていくときに使う。
●オープン→クローズド
当たりをつけてから、話を絞り込んだり、深掘りしていくときに使う。
●クローズド→オープン
最初に範囲を絞り込んで、答えやすくしてから本質に迫っていくときに使う。
●クローズド→クローズド
話を絞り込んでいくときや、あいまいな発言の真意を探るときに使う。

▶オープンとクローズドが適切に使い分けられるようになれば、思うように話を深めていけるはずです話し手：あんな態度では客が寄り付かなくなってしまいますよ。
聞き手：あんな態度とは、どんな態度なのでしょうか？
話し手：なんか、客をなめているような感じなんですよ。
聞き手：「客をなめている」をもう少し具体的に言うとどうなりますか？

これとは少し違って、事実や経験から知識や教訓を引き出したり、意味をつかみ出したりするためにも効果があります。

話し手：あんな態度では客が寄り付かなくなってしまいますよ。
聞き手：それは我々にとってなにを意味しているのでしょうか？
話し手：若い連中へのしつけが十分でないのかもしれませんね。
聞き手：しつけが十分でないというのは、どういうことなのでしょうか？

さらに、そのものズバリ相手の真意に迫るときにも「なに？」が威力を発揮します。ただし、かなりストレートな質問になるので、使う相手とタイミングに注意がいります。

話し手：……といった点も検討するべきではないかと思ったりしているんですよ。
聞き手：それで、強調したいポイントはなんなのでしょうか？
話し手：トップが言うのだから、その通りに素直にやればいいんだろうけど、もうひとつ乗り気がしないんですよ。
聞き手：それって、一体なんなのでしょうか？

一方の「なぜ？」は、潜在的に心のなかにある思いを引っ張り出したり、相手に気づかせたりするのに効果があります。「なぜを三回繰り返せ」という言葉があるように、しつこく「なぜ？」をぶつけることで、話の核心に迫っていくのです。

話し手：申し訳ありませんが、この点だけは譲れませんね。
聞き手：なぜ、あなたはそこにこだわるのですか？
話し手：私の信念といいますか、それが許さないんですよ。
聞き手：なぜ、許さないんですか？

特に「なぜ」は、下手をすると相手を非難する調子になってしまいます。かえって、心を閉じさせ、聞き手への反発を生む恐れがあります。

話し手：そんなことを言われても、とてもできませんよ。
聞き手：なぜ、できないんですか？
話し手：私にやる気がないというのですか！

そういうときは、「もし（if）」と組み合わせて「なに（What）？」を使うと、前向きな質問になります。ネガティブな気持ちになっているメンバーを、ポジティブな方向へと意識を向けさせる技として覚えておきましょう。

話し手：そんなことを言われても、とてもできませんよ。
聞き手：なにが障害になっているのでしょうか？　もし、やれることがあるとしたら、なにをしますか？

閉じた質問で話を絞り込む

クローズド・クエスチョンは、受け手がイエスかノーで答える収束系の質問です。話を絞り込んだり、あいまいな発言のポイントを探り当てたりするために使います。オープン・クエスチョンとは違い、聞き手が主導権を握り、答えをコントロールできます。その反面、あまりやりすぎると刑事の尋問のようになり、相手は閉塞感を感じてしまいます。

クローズド・クエスチョンを使って話を絞り込むには、ふたつのやり方があります。ひとつは、イエス／ノーで切り分けながら、質問をだんだん細かくしていって、真意を見つけるやり方です。話のテーマがいくつかの要素に分割できるときに役に立ちます。

聞き手：要するに、商品開発よりも販売投資を優先すべきだとおっしゃるのですね？

話し手：ハイ、商品は十分にそろっているので、早く大がかりな販売投資を……。

聞き手：販売投資とは、チャネル開拓ではなく、広告宣伝のことですね？

話し手：そうです。それが現状を打開する一番の策だと思います。

もうひとつは、ピンポイントで相手の真意と思われるところを質問し、その隔たりによって絞り込んでいくやり方です。先ほどとは反対に、細かく分割しにくい抽象的なテーマのときに使います。たとえば、相手の心のなかにあるイメージを比喩や事例などを使って表現してやると、訊かれた方も答えやすくなります。

聞き手：新会社のイメージは、外食産業でいえばファミリーレストランですか？
話し手：大衆的な路線はそうなのですが、もう少しこぢんまりしたイメージで……。
聞き手：では、小粋なイタリア料理店というイメージですか？
話し手：そうですね。小さくてもなにか特徴を持った会社にしたいですね。

オープン・クエスチョンもクローズド・クエスチョンも、どちらか一方だけを使っていると、いつか話が行き詰まってしまいます。話が狭くなりすぎたら、オープン・クエスチョンで広げ、逆に大きくなりすぎたらクローズド・クエスチョンで絞り込むというように、両方をバランスよく使うのがうまい質問です。そうやって話の塊（チャンク）が自在にコントロールできるようになれば、議論を深める技術がレベルアップした証拠です。

聞き手：今の仕事に満足しておられますか？（**クローズド**）
話し手：そう聞かれれば、不満があると言わざるをえませんね。
聞き手：どういった不満をお持ちなのですか？（**オープン**）
話し手：具体的に言いにくいのですが、なんとなくやる気が出ないんですよ。

聞き手：それは最近そのようになってきたということですか？（クローズド）
話し手：そうなんです。そもそものキッカケは……

内に秘めた創造力を引き出す

オープン・クエスチョンとクローズド・クエスチョンの使い分けを覚えたら、メンバーの内に秘められた創造力を引き出すための質問法を身につけていきましょう。

問題解決型の議論をしていると、どうしてもネガティブな考えに陥ったり、議論が煮詰まってしまったりして、新しいアイデアが出にくくなってきます。そういうときのために、思考のタコツボから脱出するキッカケを与える質問があります。

ひとつは、ポジティブな方向に思考を向けさせる質問です。建設的に意見を出させるには、過去ではなく未来に向かって質問をし、思考を縮小ではなく拡大させるようにしなければなりません。それは必然的に、否定形ではなく肯定形の質問になります。

×　なぜうまくいかなかったのですか？
○　どうやったらうまくいくと思いますか？

×　そんな方法で成功するでしょうか？
○　成功させるのに、他にどんな方法が考えられますか？
×　なぜ、それができないのですか？
○　できるようになるためには、なにをすべきだと思いますか？

創造的な議論のために、もうひとつ覚えたいのが、思考の壁を打ち破る質問です。質問が鉤（フック）となり、新しい気づきを引き出し、自らが築いてしまった思考の壁に揺らぎを与えるのです。

外界に対する問いかけ：なにか変化が起こっていませんでしたか？
内面に対する問いかけ：そのときにどんなことを感じましたか？
解釈に関する問いかけ：それはなにを意味しているのでしょうか？
決定に関する問いかけ：なにをすることで目的に近づくのでしょうか？

どんなにアイデアに苦しんでも、答えはチームのなかにしかありません。自らが発見していくしかないのです。問題にしっかり向き合わせ、答えを見つけ出す力をメンバー自身が持っていることに気づかせるのがファシリテーターの役目なのです。

メンバーを依存的にさせないために

意見を引き出そうと繰り返し質問を投げかけていると、メンバーとファシリテーターのやりとりばかりになる場合があります。これは望ましい姿ではなく、メンバー同士の意見のぶつかり合いから、新しいアイデアを生み出していかなければなりません。そういうときの対処法を述べておきましょう。

メンバーが質問の答えを返したときに、ついファシリテーターが応答しがちになります。ときには、それをせずに、自分は鏡になって他のメンバーに投げ返すやり方があります。

聞き手　：なぜあのときにそれをやらなかったのですか？
話し手　：我々の勇気が足りなかったのでしょうか？
聞き手　：今の、勇気が足りないというご意見を、皆さんどう思われますか？

また、ファシリテーターに直接質問があったときでも、必ずしも答える必要はありません。メンバーに答えを考えさせたり、質問者自身に考えてもらったりすることも重要です。案外、答えは質問者の心のなかにあって、それを確かめるために質問するケースが多いものです。

話し手……こんな感じの議論でよいのでしょうか？

聞き手……あなたはどう思っているのですか？

なかには沈黙に耐え切れず、次から次へと質問を投げかける、プッシュ一辺倒で攻めるファシリテーターがいます。「……という視点で考えてみたらどうですか？」「たとえば……というアイデアは？」といった呼び水となる質問は大切ですが、あまりやりすぎるとメンバーが受け身になってしまいます。

そういうときはプルに切り替えて、場の空気を変えるようにしましょう。大きな質問を投げかけ、後はじっくりと答えが返ってくるのを待ち、せいぜいアイコンタクトやジェスチャーで反応を促すようにするのです。それでもダメなら、なぜ答えが返ってこないのか、メンバーから素直にフィードバックをもらうようにするとよいでしょう。

3　観る力——言外のメッセージを読む

口調、表情、態度の三つに注目する

コミュニケーションというと、まず思い浮かべるのが言葉によるやりとりです。ところが感情的なコミュニケーションのうち、言葉が占める割合はたった七％だと言われています。残りがなにかといえば、三八％が声の調子や抑揚などの音声によるもので、五五％は表情や態度などのいわゆるボディランゲージなのです。

メールで議論したことのある方なら分かるように、言葉だけのやりとりでは情報量が少なすぎて、意味がうまく伝わりません。言葉以外のコミュニケーションを活用することが、コミュニケーションを円滑に進める上で大変重要なのです。

非言語メッセージにはたくさんの種類があります。なかでも重要なのが口調、表情、態度の三つです。順番に説明していきましょう。

一番目の口調とは、声の高低や大小、話す速度（テンポ）、間合い、声の調子（トーン）、抑

揚などです。たとえば、言葉では丁重に受け答えしていても、意見に賛同しているのか、納得がいかないのか、口調には正直に表れるものです。また、興奮すれば誰もが声の調子や話すペースが上がり、逆に気が進まないときには、調子が下がって抑揚も平板になります。話の間合いの取り方や声のふるえにも感情が表れます。

このように「話し方」にも相手を理解する手がかりがたくさん含まれています。音楽を聴くときのように、歌詞を追いかけるだけではなく、メロディやハーモニーにも気を配り、総合的に話を聴くようにしなければなりません。

二番目の表情も同じで、言葉の成り立ちが示すように、さまざまな感情が表に出ています。なかでも、「目は口ほどに物を言う」といわれるように、目は大変雄弁にいろいろなことを物語ってくれます。恋人同士が見つめあっただけで分かりあえるのも、先生が生徒を叱るときに「俺の眼を見ろ！」とやるのも、目が心を写す鏡になっているからです。大きく分けて、視線の方向（動き）、視線の強弱（焦点の定め方）、目の大小の三つの要素があり、その組み合わせでさまざまなメッセージが表現できます。

目線の読み方については、脳の働きと関係づけて意味づけする手法や、トレーニングによって解読力をアップさせる手法もありますが、結局は経験のなかから学ぶしかありません。眼だけではなく、頬、鼻腔、口元なども合わせて、表情全体からメッセージを読み取るようにしましょう。

三つ目の態度については、メッセージの解読方法がかなり研究されています。たとえば、身を乗り出すのは興味があるときであり、逆にふんぞり返るのは不満や批判があるときです。腕や足を組むのはブロッキングといって、相手の意見に抵抗しようとするサインです。また、顔の前で手を組むのは、交渉のときなどに使う戦闘的なポーズといわれています。もちろんクセでこのような態度をとる人もいますので、必ずしもあたっているとは限りませんが、そういう可能性があることを疑ってみても損はないでしょう。

他にも、話すときの距離や、叩く・なでるといった接触行動にもメッセージが込められています。ただし、非言語メッセージ全般にいえますが、文化が違えば解読方法も異なります。とんでもない読み違えをしないように気をつけましょう。ときには言語と非言語が矛盾しているダブルメッセージの場合もあり、無意識に伝えたいことを正確に読み取る技術が求められます。

聴く力と観る力で場の空気を読む

このように非言語メッセージをどれだけ読み解けるかは、ファシリテーターの重要な資質のひとつになります。

そのためには、傾聴はもちろんのこと、「観る力」を養わなければなりません。観る（look）とは見る（see）とは違い、本質を見つけ出すためによく見ることです。全身をアンテナにして、「聴く力」と「観る力」を総動員して、相手のメッセージを逃さず受け止めるのです。

私たち日本人は、ホンネを出して議論するのが苦手です。質問されても通り一遍の答えでごまかしたり、あいまいな答えでお茶を濁したりしがちです。チームの意見とギャップがあるときでも、あえてそれを出さずに、心の奥にしまいこんだりします。

こういうときには、ファシリテーターが発言の裏にある本心を読み取り、的確な質問をぶつけて表に引き出していかなければなりません。表面的な議論では分からないメンバー間の意識のギャップを見つけ出し、論点を浮き彫りにしていく必要があります。その手がかりとして、非言語メッセージが大いに役に立つのです。

また、非言語メッセージを活用すると、いわゆる「場の空気」が読めるようになります。会議の進行に満足しているか、内容に納得しているか、ファシリテーターを信頼しているか――メンバーが共通して抱いている意識は、場の空気となって空間を覆っています。沈黙には沈黙なりの意味があり、なにかを訴えかけているのです。それが読めずに自分のペースで進行に没頭していると、どこかで必ず痛い目に遭います。

慣れないうちは、的確に場の空気が読めないかもしれません。とはいえ、少なくとも常にアンテナを張り巡らせておけば、妙な空気があることは感じられるはずです。違和感があることさえ分かれば、「なにかご不満の点があるのですか？」「皆さん納得しておられない顔をされていますね？」と質問することができます。

こういうふうに、分からなければ素直にメンバーに訊くというのも、ファシリテーターの技量のひとつです。なにも恥ずかしい話ではなく、ファシリテーターはチーム活動を援助するために努力しており、自分が抱える問題はチームの問題でもあります。ファシリテーターの悩みをチーム全体で共有するのは、むしろ望ましいことです。ファシリテーターは常に、自分が分かっていること、分かっていると思っていること、分からないことを区別し、無知に対する真摯な姿勢を大切にしなければならないのです。

4　応える力――話をつないで広げる

要約と言い換えで橋渡しをする

ファシリテーターは黒子《くろこ》です。出された意見に対していちいち応える必要はありません。応えるのはチームの他のメンバーです。ただし、他のメンバーが的確に応えられるよう、支援してあげる必要があります。人それぞれコミュニケーションのスタイルは違い、メンバーの関係を促進するために、翻訳や仲介の機能は欠かせません。

翻訳や仲介を具体的にいえば、発言を分かりやすい形に表現し直したり、他のメンバーの発言を促したりすることです。そのために、ふたつのやり方を覚えておきましょう。ひとつは、復唱のところで述べたように、発言を要約する、あるいは理解しやすいように言い換えてあげることです。

少し横道にそれますが、コミュニケーションのトレーニングのひとつに、こんなものがあります。誰かが発言したら、次に発言したい人は、前の人が伝えたかった内容を要約して、それが意図と合致している場合にのみ発言が許されるというゲームです（食い違う場合は、もう一度要約をし直し、それでも駄目なら、発言者が真意を伝え直します）。やってみると分かるのですが、たびたび議論が行き詰まってしまいます。正確に話を聴き、自分の言葉で的確に要約することがどれほど難しいか体感できます。

要約や翻訳をする際に的外れになったのでは、なんのためにファシリテーションをしているのか分かりません。発言のなかからうまくポイントをつかみ出すには、最終的になにが言いたいのか、主張の行き先を見つけ出すのがコツです。発言を通じて本当に主張したいこと（本心）を見つけるのです。それが分からないと、どの部分が重要でどの部分が重要でないか、判断のしようがありません。

あらかじめ、話し手の考え方が分かっている場合は簡単ですが、そうでなくても一連のやりとりからつかみ出していかなければなりません。そのために、オープン・クエスチョンで意味や意図を尋ねたり、非言語メッセージを読み解いたりするのです。

そうしているうちに、「Aさんが○○と主張しているのは、実は○○してほしいからだ」という本質的な主張が見えてきます。そこまで分かれば、「○○ということをおっしゃりたいんですよね？」とクローズド・クエスチョンで真意を探り当てていけばよいのです。

さらに、的確にポイントをつかみ出すためには、議論の全体像を知ることも大切です。本人にとって重要なポイントでも、議論の流れによっては些末なものかもしれません。本人が気づかないところに、議論の流れを変えるポイントが隠されているかもしれません。発言をどう位置づけるかによって、重要なポイントが変わってくるのです。

ファシリテーターとしては、どれくらいの広がりのなかで話し合いがされているか、コンテンツの全体像を知り、どちらの方向に向かって進んでいるか、頭のなかに議論の地図を常に持っておきます。そうすれば、個々のメンバーの発言の位置づけが明確になり、ポイントもつかみやすくなります。

実際には、つかみとったポイントは、ホワイトボードなどに書き留めておいて、チームの共通の理解としていきます。このあたりの技法については次のⅤ章で述べていきます。

事例と比喩で直観的に理解させる

ファシリテーターが議論を促すためにおこなうもうひとつのレスポンスは、事例や比喩を使って、話された内容のイメージをつかみやすくしてあげることです。

我々が日頃やりとりしている知識には、形式知と暗黙知の二種類があります。形式知とは、レポートやマニュアルに代表される言語化できる知識です。それに対して暗黙知は、勘・コツ・イメージなど言葉で言い表せない知識です。

どちらかといえば、会議では形式知を中心に知識が交換されていきます。ところが、その裏には膨大な暗黙知があり、そちらに個人や企業のノウハウが隠れていたりします。暗黙知もコミュニケーションをしないとせっかく集まった意味がないのです。

暗黙知を伝えるもっとも良い方法は、師匠が弟子に技を伝えるように、協働作業を通じて体を使って伝えあうことです。会議ではとてもそんなことはできませんので、事例や比喩を使って、直観的にイメージを心のなかに伝えるのが一番の方法です。

私たち人間は、古くから物語を使ってさまざまな知識を伝えてきました。それと同じように、事例を使えば、言葉では表しきれない豊富な経験や知識を、直観的に相手に伝えることができます。講演の名人は、等しく体験談や逸話の使い方がうまいといわれています。そういうものを使って言葉にできない知識を上手に相手に伝えているのです。

暗黙知がうまく表現できないメンバーがいれば、それを感じ取って事例や比喩で表現してあげると、コミュニケーションが円滑に進みます。

「たとえば……というケースが他の業界でありますが、そういうことですよね？」

「野球にたとえれば、九回裏ツーアウト満塁で代打に新人を送り込むということですね？」

「要は、『石橋を叩いて渡る』ではなく『犬も歩けば棒にあたる』でいこうというのですね」


　ここで挙げたように、ビジネスの場合には、過去の成功（失敗）談や他の業界のケースを事例としては使う場合が多く、歴史に事例を求めるのもよくやる手です。戦争やスポーツなどをアナロジー（類推）として使うのも常套手段のひとつです。

　比喩としては、地球、生物、家族などにたとえることが多く、ことわざ、慣用句、名言なども役に立ちます。こういったものがパッと思いつくよう、ファシリテーターには教養やボキャブラリーも必要となるのです。

質問を使って自己主張する

　ファシリテーターは、プロセス（進行）だけを管理し、コンテンツ（中身）には立ち入らないのが原則です。そのため、通常は自分の意見を述べる機会はありません。どうしても意見を述べたい場合には、いったんファシリテーターの役目を降り、自分の意見を述べることの了承をチームからとらないといけません。

とはいえ、議論の視点を広げたり、刺激やキッカケを与えたりするために、呼び水として意見を述べるのは大いに結構です。メンバーを挑発したり、そそのかしたりするために、わざと過激な意見を提示するのも、よく使うテクニックです。ただし、やり方と頻度に気をつけないと、自分が望む方向にコンテンツを誘導してしまいかねません。そうならないよう、質問を使って仮説として意見を提示するのが好ましいやり方です。

人は自己主張をしようとすると、どうしても意見を押し付けたり、相手を攻撃する調子になりがちです。そうすると相手は、感情的に反発して受け入れにくくなり、攻撃し返そうと思うものです。挙げ句の果てに、どちらかが相手を屈服させるか、物別れになってしまい、せっかくの相互理解のチャンスを逃してしまいます。

そうならないよう、「非攻撃的自己主張」と呼ばれる、押し付けにならないように自分の意見を伝えるやり方があります（図4-2）。その基本は、質問を使うことです。

× 私はAだと思います。
○ Aという考え方もあるんじゃないでしょうか?

図4-2 ◉ 一般的な自己主張と非攻撃的自己主張

●質問を使う

×私はこう思います	○こういう考え方もできるのでは？
×あなたは間違いです	○間違っている可能性もあるのでは？

●オープン・クエスチョンを使う

×賛成ですか、反対ですか？	○どのように考えますか？
×こうすべきだと思いませんか？	○どのようにすべきと考えますか？

●不完全質問にする

×こうすべきだと思いませんか？	○こうした方がいいんじゃないですかね？

●Weを主語にする

×どうするつもりなのですか？	○私たちはどうすればよいのでしょうか？

●人ではなく内容を責める

×なぜ失敗したのですか？	○何が失敗させたのでしょうか？

●一歩引いて主張する

×あなたの意見はおかしいです	○私が間違っているかもしれませんが……
×このようにすべきです	○個人的な意見なんですけど……

●一致できる点を強調する

○あなたの意見とほとんど同じで、ひとつだけ食い違うとすれば……

▶相手と異なる意見を述べる場合は、"Yes, But"（否定型の表現）ではなく"Yes, And"（付加型の表現）を使うのが基本です

◎　たとえば、Aという考え方については、いかがお考えですか？

このように質問を使って意見を伝える場合には、クローズド・クエスチョンより、オープン・クエスチョンの方が、柔らかな自己主張になります。どちらの場合でも、語尾が不完全な質問にするのがポイントです。さらに「私が間違っているかもしれませんが……」「個人的な意見なんですけど……」といった文句を頭につけると、感情的な反発を和らげる効果がありま す。

相手に反論する場合や質問に回答する場合でも、必ずいったんは発言を受け止めた上で、質問で意見を返すようにします。そのときに、受け止めた意見を全面的に否定するのではなく、「さらに、こういう意見はどう思いますか？」という追加型の表現の方が、相手は受け入れやすくなります。But ではなく And で返すのです。

×　そうおっしゃりますが、Aという考えもあるんじゃないでしょうか？

○　なるほどBというわけですね。でも、Aという考えもあるんじゃないでしょうか？

◎　なるほどBというわけですね。さらにAについてお考えになるのはどうでしょうか？

なかには、どうしても相手の主張を否定したり、反論したりするような内容を言わなければならないときもあります。そういうときは、最初に同意点を話し、次に反対意見を述べ、最後にもう一度一致する点を強調するとよいでしょう。

こういった非攻撃的自己主張のスキルを身につけておけば、余計な反発をくらうことなく、議論を望ましい方向に誘導できます。また、チーム全体でもこのような言い回しができれば、議論がおだやかになり、感情的な対立を防ぐのにも役立ちます。

COFFEE BREAK

―コミュニケーション・スキルのエクササイズ―

①2人1組でペアを組んでください（仮にAさんとBさんとします）。そのときに、斜め（45度から90度くらい）の角度で座るようにしてください。対面して座ると、対立の姿勢になり、コミュニケーションの質が変わってしまいます。
②Aさんは、「いま困っていること」を簡単にBさんに話してください。たとえば、仕事がなかなか片付かない、娘が口をきいてくれない、タバコがやめられない……といった具合です。
③Bさんは、傾聴や復唱で相手に共感しながら、質問や要約を使って話を深めていってください。できれば、新しい視点を提示しながら、どこに原因があってどうやったらそれを克服できるかを、相手の心のなかから引き出してあげてください。そのときに、相手の答えのメモをとるようにしましょう。
④話が終われば、相手に話がどれくらい伝わったか、メモを見ながら確認しましょう。その上で、Aさんは、Bさんのコミュニケーションをどういうふうに感じたか、なにか自分のなかで変化があったかを、Bさんに伝えてあげてください。
⑤AさんとBさんの役割を交代して、もう一度同じことを繰り返します。

のちほど述べるように、意見の食い違いは大いに歓迎すべきものです。しかしながら食い違いを協調的に議論できなければ、せっかくの多様な意見を活かすことができません。攻撃的な調子で意見を述べる人を戒め、皆が安心して発言できる協調的なコミュケーションの場を築き上げるよう心がけましょう。

それと、最後に付け加えておきたいのですが、質問にせよ要約にせよ、ファシリテーターのすべての振る舞いは、チームへの介入になります。意図のあるなしに関わらず、なんらかの影響をチームに与えてしまうのです。だからといって臆病になる必要はありませんが、自分の言動に責任を持ち、それがどのような影響をもたらすかを予想し、最適なタイミングで最適な方法の介入ができるように努めましょう。

［V］

構造化のスキル——かみ合わせ、整理する

1　主張を正しく理解させる

論理を正しく伝えるには

互いの意見を尊重するだけでは創発は生まれません。意見の幅や深さがある程度見えてきたら、異なる意見を整理して、少しずつまとめていかなければなりません。発散から収束へ、ダイアログからディスカッションへと切り替えていくのです。

ところが日頃経験するように、収束に向けて意見を方向づけようにも、そもそも議論になっていないケースがよく見受けられます。互いの主張を正しく理解しないままに、誤解や曲解にもとづいて議論しているのです。議論がかみ合っておらず、まとまる／まとまらない以前の問題です。

こうなってくると、正しく議論がかみ合うよう、ファシリテーターが橋渡し役をしなければなりません。ロジカルシンキングや図解技法など、思考系のスキルの出番となります。

そもそも誤解が生まれるのは、論旨があいまいだったり、意見を理解するのに十分な情報が話し手から提供されていなかったりするからです。そうすると、足りない知識を埋めようと、聞き手が自分の知識で勝手に解釈してしまい、誤解のもとになります。誤解を避けるために、ひとつの発言に対してチーム全体が同じ解釈ができるよう、ファシリテーターが働きかけをしていくのです。

このときに大切なのが「論理」です。いくら気持ちの上で賛同できても、論理の通らない発言には承服できません。相手の言うことに理解と共感ができたときに、人は納得します。知的相互作用を促進し、健全な関係性を築くためにも論理は重要です。

論理というとなにか難しいことのように聞こえますが、要は話の道筋です。①なにを起点にして、②どこを通って、③どこに到達するかが明らかになれば、道筋は理解できます。すなわち、①話の前提となる知識、②根拠（理由）、③主張したい結論の三つをそろえればよいのです。これを「論理の三点セット」と呼んでいます。

残念ながら、論理的に話のできる人はどちらかといえば少数派です。多くの人は、論理的に話をしようと努めながらも、自分の主張を通すのに都合のよい道筋をつくりがちです。しかも、自分の枠組みのなかで話を組み立てるために、無意識のうちに話を省略したり一般化したりして、他人が聞くと分かりづらい論理になっています。そういった点を目ざとく見つけて、論理の三点セットが完全なものになるように導いていかなければならないのです。

ただひとつだけ注意してください。「論理的でない」と指摘されて喜ぶ人はいません。それを責める調子になってはいけません。あくまでも足りない部分に気づかせ、自発的に補うようにさせるのです。

前提となる知識を明らかにする

発言を聞いているうちに、「この人は、一体なんの話をしているんだろうか？」という疑問を持った経験が誰にもあると思います。話の出発点を明確にしてもらわないと、どういうスタンスで聞いてよいか分かりません。

①テーマを明らかにする

一番多いのが、漠然とした抽象的な言葉を並べ、なんの話をしているのか分かったようで分からないケースです。人によって解釈がまちまちになり、どう議論を展開したらよいかさっぱり分かりません。いつの時点の、誰についての、なんの話をしようとしているのか、５Ｗ１Ｈを確認して、話のテーマを明らかにするようにしましょう。

話し手　：若い連中の不満は、もはや頂点に達しています。
聞き手　：具体的に、どんな人がなんの不満をどれくらい抱えているのでしょうか？
なかでも注意が必要なのは、「みんな」「普通は」「必ずいつも」といったように、意味があいまいな言葉を使って話を一般化しようとするケースです。
話し手　：みんないつも、会社の危機管理能力のなさを嘆いています。
聞き手　：みんなって、誰ですか？　いつもとは、どういうときですか？

②前提となる事実を明確にする

多くの場合、なにかの意見を主張するには、そう考えるもとになる材料（事実）をつかんでいるはずです。そういった前提となる事実を省略せずに説明をしてもらうと、話がかなり明確になってきます。
話し手：ウチの会社の悪いところは、誰も責任を取らないことだよ。
聞き手：皆さんに分かるように、それを示す事例をなにか挙げてもらえますか？

③事実と意見を切り分ける

また、話している内容が、事実の説明（記述問題）なのか意見の開示（規範問題）なのかを切り分けてもらうことも大切です。どちらを述べているかによって、聞く側の関心や態度が変わってくるからです。

話し手　：ウチの商品に対する顧客満足度は年々低下してきています。
聞き手　：それって、事実ですか？　それとも意見ですか？

④言葉の定義を明確にする

あわせて、前提の確認で気をつけたいのが、言葉の定義です。戦略、目標、コンセプト、マーケティング、プロセス、マネジメントなど、ふだん当たり前に使っているビジネス用語でさえ、人によって微妙に意味が違います。ましてや、異業種間プロジェクトや企業合併の交渉など、異なる文化を持った人々が議論する場では、言葉の定義から一つひとつすり合わせていかないと、話がかみ合いません。「同じような話をしているはずなのに、どうもしっくりこないなあ……」と思ったら、まず言葉の定義を疑ってかかるとよいでしょう。

話し手：こういうときこそ、社長にリーダーシップを発揮してもらわないと。
聞き手：今おっしゃったリーダーシップというのは、具体的にいうと、どんな行為をイメージしておられますか？

⑤暗黙の価値観を明らかにする

さらに、話には表現されていない、本人が当たり前だと思っている価値観が分かると、話の全体像がよくつかめます。結論の妥当性を議論する際の出発点にもなります。

話し手：業績が悪くなったからといって、社員をリストラするなんてとんでもない。
聞き手：それって、「会社は社会のためにある」という立場で話をされておられますか？

主張の根拠を提示させる

論理的な議論とは、互いの主張の根拠をぶつけ合って、正当性を競い合うものです。ですから、相手の主張する根拠を正しく理解しないと、論理的な議論になりません。

誤った根拠で論を立てる人に対しては、それに自らが気づくよう、ファシリテーターが促してあげなければなりません。それは、主張をつぶすことが目的ではなく、効率的な議論をおこなうために必要な介入なのです。

なかには、話し手も聞き手も気がつかずに議論を進めてしまうこともあります。こういう場合にはファシリテーターが注意信号を発しておかないと、チームが誤った結論に行きついてしまいます。ファシリテーターは論理の番人だともいえるのです。

主張の根拠が明らかでない発言には二種類あります。ひとつは根拠がまったく提示されない発言です。この場合は、理由を問いただすようにしなければなりません。

①根拠を提示させる

話し手：我々にはとてもライバルを追い抜くことなんかできませんよ。

聞き手：どうしてそのように言い切れるのですか？

根拠を求める際に、理由そのものではなく、判断基準や判断者を尋ねるやり方もあります。

話し手：新商品を開発するスピードなら、どこの会社にも負けませんよ。

聞き手：どういう基準でそのように判断されるのですか？

根拠を尋ねる質問は、下手をすると相手の判断を疑うニュアンスになり、後ろ向きの質問になりがちです。ヒト（判断者）とコト（根拠）を切り分け、前向きに質問をすると、非難する調子が和らぎます。

話し手：ウチの会社は人を育てるのが下手なんです。
聞き手：なにが人を育てるのを妨げているのですか？

論理の飛躍をつなげ直す

根拠が明らかでない発言のもうひとつは、一応根拠はあるものの、不適切であったり無理があったりするケースです。いわゆる「論理の飛躍」と呼ばれるものです。一般的に根拠として使えるのは、因果関係、例証、ルール（法則や基準）とされています。単にどれかひとつがあればよいのではなく、正しい使い方をしないと根拠が危うくなってしまいます。

②根拠のつながりをチェックする

まずは、因果関係の誤りです。よくあるのは、因果関係のないものを結びつける「お門違い」や、因果関係のきわめて薄い「取り越し苦労」です。

話し手：上司は私に細かく報告させ、私をまったく信用していないんです。

聞き手：報告させることが、信用していないことを意味するのですか？

同様に、ヒトとコトを混同したり、不自然な二項対立の図式にもっていくのも要注意です。

話し手：あのボンクラ部長の考えた案なんてうまくいくわけがないよ。

聞き手：彼の能力や性格は関係なく、アイデアそのものを評価すべきではありませんか？

話し手：新規事業の失敗がこれだけ続いた以上、本業回帰をめざすしかありません。

聞き手：新規事業と本業回帰以外に我々が打てる手はないのですか？

さらには、因果のつながりを取り違える「見せかけの因果」「因果の逆転」「第三の因子」などがあります。ここでは詳しく述べる余裕がないので、もっと勉強したい方はロジカルシンキングの解説書をあたってみてください。

話し手：苦労してつくった商品はすべてヒットしてきたから、今度も大丈夫だ。

聞き手：皆が納得できるように、苦労とヒットの因果関係を説明してもらえませんか？

話し手：ビジネス書ばかり読んでいるから、仕事のスキルが身につかないんですよ。
聞き手：仕事のスキルがないから、ビジネス書で勉強しているのではないのですか？
話し手：安売りばかりしているから、商品のイメージが下がるんですよ。
聞き手：商品の悪さが、安売りやイメージダウンを引き起こしているのでは？

③例証の適切さを確認する

根拠として使える二番目の例証は、いくつかサンプル（事例）を集めて、論理の正しさを証明しようというものです。この場合には、客観的なサンプルを集め、しかもその量が十分でないと根拠にはなりません。もちろん都合のよいものだけ並べたのでは根拠が希薄になってしまいます。

話し手：ウチの課の女の子に見せたら、このＣＭは女性にはウケないって。
聞き手：それだけのことで、そのように判断できるのですか？

④基準の妥当性を確かめる

三つ目のルールには、自然法則、一般常識、集団規範、判断基準などがあります。一度成立した論理も次の論理を支えるルールとなります。逆に、個人的な観測、直観、偏見や先入観は、論理を支えるルールとなりません。権威のある専門家の判断であっても、いつも信用できるとは限りません。

話し手：財務系の人間にはメーカーのトップは務まりませんよ。

聞き手：それはあなたがそう思うのであって、皆さんはいかがでしょうか？

⑤他に根拠がないかを調べる

根拠はひとつではなく、複数ある場合が多くあります。別の根拠で結論を説明できたり、結論を否定するような根拠が見つかったりするかもしれません。ひとつの根拠で安心せずに、常に根拠のモレがないかを調べる姿勢が大切です。

話し手：今年の売れ行きが伸びたのは、新商品がヒットしたからです。

聞き手：我々の成功ではなく、ライバルの失敗が後押ししたとは考えられませんか？

あいまいな結論を明確にする

最後に、結論が不明確な発言へのファシリテーションです。あいまいな結論や意味がよくつかめない結論は、議論がかみ合わない原因となります。

①主張を具体化させる

まずは、前提の確認の場合と同じように、あいまいさを極力排除して、できるだけ具体的に表現し直してもらうことです。

話し手：もうこうなったら決死の覚悟で一発ドカンとやってみましょうか。

聞き手：具体的にどのようなことをやろうと提案されているのですか？

②事例や定量的表現を求める

できれば、事例や定量的な表現などを使って、聞き手によって解釈の違いが生まれないようにしなければなりません。特に注意したいのが話の大きさです。常にスケールを確認するように心がけましょう。

話し手：今すぐに手を打たないと、山のような負債を抱えてしまいますよ。

聞き手：すぐとはいつ頃ですか？　山のようなとは、おおよそいくらくらいですか？

③文脈を明らかにする

また、文脈によっては結論の意味が変わってきますので、どういう文脈のなかでの話なのか、結論の位置づけを明らかにしておくことも大切です。

話し手：今度の新商品は素晴らしい出来栄えで、きっと売れると思います。

聞き手：なにと比較されてそのようなお話をされているのですか？

④思考停止ワードを避ける

さらに、ビジネスパーソンに多い症例をひとつ挙げておきましょう。耳あたりのよい単語がキラ星のごとく並ぶ、一見分かったようでなにも分からない「言語明瞭・意味不明瞭」な発言です。自己顕示、責任逃れ、誇張や粉飾――理由はいろいろありますが、自分の言葉で分かりやすく説明し直してもらわなければいけません。

話し手：組織変革に向けてのコミットメントこそが競争優位の源泉である。

聞き手：少しかみ砕いて、ご自分なりの言葉で説明してもらえませんか？

他にも、推進する、活用する、強化する、充実する、検討する、徹底する、調整する、配慮する、取り組む、図るといったあいまいな動詞も、できるだけ意味するものを具体的に表現し直してもらうようにしましょう。

それでもまだ結論があいまいな場合は、クローズド・クエスチョンを使って、結論を絞り込んでいくしかありません。このとき、あまり相手を問い詰める調子にならないよう、様子を見ながら慎重に進めていくようにするのがコツです。

⑤他に結論がありえないかを調べる

ここまでできれば、ほぼ完璧なのですが、さらにもう一ステップ深掘りしてみましょう。提示された前提と根拠が同じでも、新たに別の要素を加えることで、違った結論が導き出されることがあります。多様な結論を導き出して、そこから前提や根拠にさかのぼる作業は、議論を深めるために欠かせません。

話し手　：ＳＯＨＯなんて、家庭と仕事が渾然一体となってうまくいくわけないよ。
聞き手　：近代社会以前では、家庭と仕事は一体だったのではありませんか？

2　ポイントと位置づけを明らかにする

ロジックツリーで階層化する

短い発言であれば、これまで紹介してきた方法で橋渡しができるのですが、ダラダラと脈略もなく意見を述べる人には、別の対処法を加える必要があります。発言全体を整理して、ポイントを分かりやすく言い換えてあげるのです。

話し手：確かに採算性には問題がありますが、この後に及んで発売を中止するわけにはいかないでしょう？　販売店の要望はどれくらい強いんですか。コストももう少しくらいは頑張れるんでしょう。それが分かれば、腹をくってやるしかないんじゃないでしょうか？

聞き手：要するに条件付き賛成ということで、その条件は、販売店のニーズの確認とコストダウン額の把握の二点ですね？

まず、要するになにを主張したいのか、発言全体の幹となる部分を見つけて、短い言葉に要約します。次に、それを支える太い枝を探し出して、順番に並べます。必要であれば、さらに細かい枝を太い枝の下にぶらさげて……という作業を繰り返すのです。

要は、ツリー（ピラミッド）構造を頭のなかに描きながら、発言を整理していくのです。これをロジックツリーと呼びます（図5-1）。

ロジックツリーをつくるには、次の三つの原則を守らないといけません（バーバラ・ミント『新版　考える技術・書く技術』）。

①上位の項目は、下位の項目を要約したものである

たとえば朝食、昼食、夕食の上位には食事がくるのであって、和食ではありません。要約を間違えると、ツリー構造が成り立たなくなってしまいます。

②同じ階層の項目は、常に同じ種類のものである

よくある失敗がこれです。動物、植物、人間といったように、階層が違うものを同じレベルとして並べてしまうのです。

③同じ階層の項目は、論理的に順序づけられている

同じ階層のものは、なんらかの法則性にしたがって並べると理解しやすくなります。よく使

図5-1 ◉ ロジックツリーの例

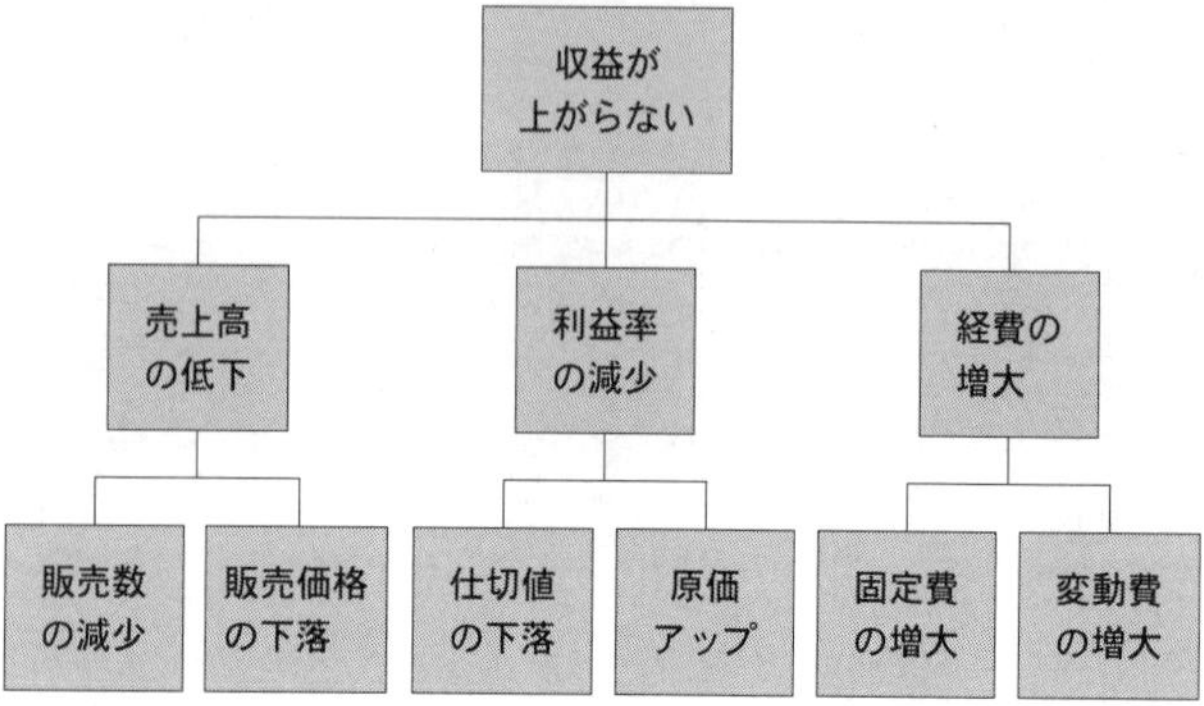

ミントのピラミッド原則

①上位の項目は、下位の項目を要約したものである

②同じ階層の項目は、常に同じ種類のものである

③同じ階層の項目は、論理的に順序づけられている

⇩

項目は3つくらいでまとめると分かりやすい

出所：バーバラ・ミント『新版 考える技術・書く技術』より

▶上位の項目がモレなくダブリなく下位の項目に展開されていないと、分かりやすいロジックツリーになりません

われるのが、カテゴリー、時間、位置、重要度、物理量（大小や高低など）などです。さらに、項目を並べるときは、多くても三つくらいでまとめるのがコツで、それ以上だと頭に入りきらなくなります。多すぎる場合にはもう一段階層が増やせないか、少なすぎる場合にはなにか見落としていないかを考えると、落ち着きのよいロジックツリーができあがります。

モレなくダブリなく整理する

こうやって粗い分類から細かい分類へと、ロジックツリーで発言を整理していくと、抜けている項目や重複している項目に気づくようになります。そういった項目を指摘して、議論のモレがないようにするのも、ファシリテーターの大切な役割です。たとえば、先ほどの例文の発言は、一見筋が通っているように聞こえますが、大切な点が抜けています。

話し手：確かに採算性には問題がありますが、この後に及んで発売を中止するわけにはいかないでしょう？　販売店の要望はどれくらい強いんですか。コストももう少しくらいは頑張れるんでしょう。それが分かれば、腹をくってやるしかないんじゃないでしょうか？

聞き手：要するに条件付き賛成ということで、その条件は、販売店のニーズの確認とコストダウン額の把握の二点ですね？　これで商品化を進めるにあたっての条件は分かりましたが、失敗したときの事業リスクに対する考察は必要ないのでしょうか？

最近、ミッシー（MECE：Mutually Exclusive, Collectively Exhaustive）という言葉をよく耳にするようになりました。「モレなくダブリなく」という意味で、ロジカルシンキングで必ず出てくる概念です。

モレがあっては、検討すべき重要な論点を見落とすかもしれません。ダブリがあったのでは、無駄な議論をすることになります。ミッシーに整理してこそ、論理的で効率のよい議論ができます。ファシリテーターならずとも、必ず身につけておいてほしい概念です。

議論の土俵を合わせる

議論がかみ合わない原因のひとつに、互いに違う階層（レベル）の話をしていることがあります。大づかみのマクロな話をしている人に対して、細かなミクロな話で反論する——といったケースです。

少し脱線しますが、人の思考法にはパターンがあり、演繹的に物事を考える人と帰納的に考える人の二種類のタイプがあります。前者は、議論の目的を見据えて、課題を大枠からとらえていこうとします。詳細よりも全景を概観しようと思い、それができるまで細部に入っていこうとしません。詳細にあまりこだわらないため、細部のつめが甘くなってしまうこともあります。

その反対に、帰納的に考える人は、現状の詳細な情報を積み上げて将来の姿を描こうとします。そのため、一つひとつのミクロな項目に納得しないと、上のレベルには進もうとしません。細かいことに時間をとられて全体像を見失ったり、関係のないところに迷い込んだりすることもあります。

これは、どちらが良い悪いではなく、性格の違いのようなもので、簡単には変えられません。ですから、両者が納得した進め方を決めて、それに従って議論をしていくしかありません。

そこで最初の話に戻りましょう。レベルの違いによって議論がかみ合わなくなったら、現在どのレベルの議論をしているのかを明らかにして、土俵を合わせてもらうように促していきます。そのためにも、ロジックツリーで発言を整理するのは役に立つはずです。

話し手：社長候補となるリーダーを養成するにしろ、現場の改革を引っ張っていけるリーダーを育てるにしろ、体系化された研修プログラムをどうつくるかが大切なんじゃないですか？

聞き手：大変申し訳ありませんが、細かい方法論は後で議論することに皆さんで決めましたので、まずは狙いや目標に対する意見をお願いできませんか？

3　議論を構造化する

誰もが持っている構造化の基本プロセス

こうやって、いろいろな人の意見を引き出し、かみ合わせていくと、膨大な意見が出てきて、そのままでは収拾がつかなくなってきます。「意見をまとめる」という新たな問題に直面するのです。起承転結でいえば、転の部分に近づいていきます。

また少しわき道にそれますが、問題解決の基本は「分ける」ということです。大きな問題や複雑な問題は、そのままでは人間の理解の範囲を超えてしまい、どこから手をつけてよいのか分からなくなります。それどころか、問題の全体像を把握することすら難しくなります。

私たちの頭でも扱いやすくするには、小さな問題に分けるしかありません。これはあらゆる種類の問題解決に共通の考え方です。問題によって、全体と部分、目的と手段、原因と結果、コンテンツとプロセス、長期と短期など、分け方にいろいろなバリエーションがあるだけなのです。

小さな問題に分ければ、本質的なものとそうでないものの区分けがしやすくなります。個々の問題の優先順位をつけた上で、どれにどのように取り組むかを決めて、もう一度全体像を組み上げていきます。これが、現在一般的になっている合理的（要素還元主義的）な問題解決のやり方なのです。

意見をまとめるという作業もまったく同じです。まず意見を区分けしないと、どう取り扱ってよいか分かりません。言い換えれば、意見を整理することによって、全体像を把握するとともに、重要な論点を見つけていくのです。

分ける（整理する）という行為は、対象が情報だろうがモノだろうがやり方はまったく同じです。たとえば「一〇〇〇着の服を整理してください」と言われたら、どんな人でも同じ方法をとるはずです。下着、中間着、外着をひとまとまりにし、それぞれを季節に応じて小さなまとまりに分けていく――といったやり方です。

つまり、「同じものを束ねる」（ブロック化）と「順番に並べる」（体系化）のふたつを組み合わせて整理するのです。これを「構造化」と呼び、複雑なものを理解するためにプログラムされている、人間の基本的な思考パターンなのです。

議論を描くファシリテーション・グラフィック

議論を構造化するといっても、よほどの天才でない限り、頭のなかだけでやるのは骨が折れます。発言を一つひとつ書き出していき、区分けをしたり、関係づけたりしながら、構造化していくのが普通のやり方です。そのために開発されたのが「ファシリテーション・グラフィック」と呼ばれる技法です（図5-2）。

ファシリテーション・グラフィックとは、一言でいえば「議論を描く技術」です。議論をリアルタイムに視覚情報（図解）に落とし込んでいくことで、言葉が飛び交うだけの「空中戦」を「地上戦」に変えようというのです。

図5-2 ◉ ファシリテーション・グラフィックの進め方

●レイアウト

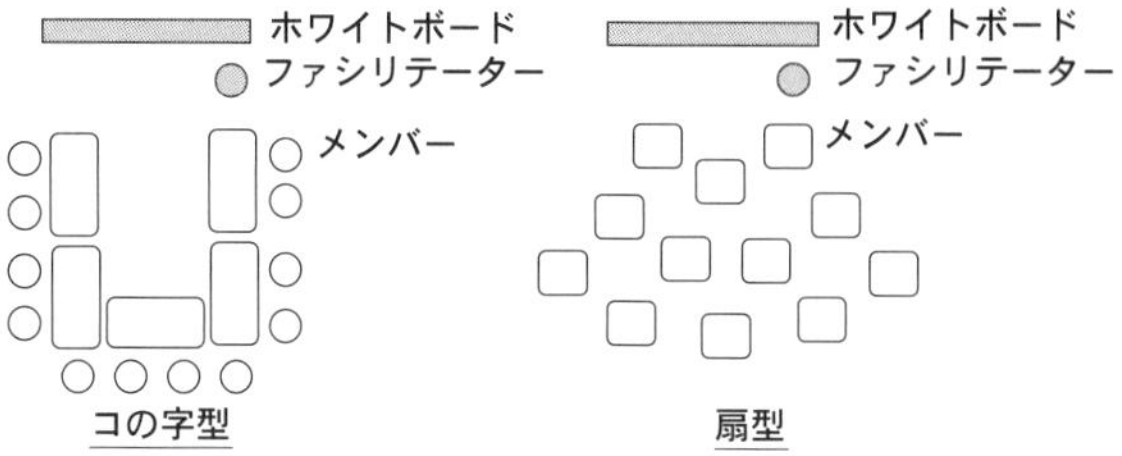

●７つ道具

①アラームウォッチ、②デジタルカメラ、③マーカーペン、
④フリップチャート、⑤付箋、⑥クリップボード＋紙、
⑦マーキングシール

●基本ステップ

①キーワード（フレーズ）を書き出す
②キーワード（フレーズ）に装飾を加える
　カラー、囲み図形、吹き出し、下線、記号、星、リボン…
③キーワード同士を関係づける
　因果、対立、循環、分岐、関係の強弱、直接・間接…

④図解の基本パターンを活用する

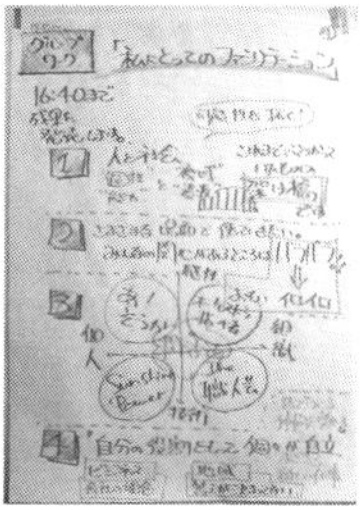

写真出所：志賀壮史「日本ファシリテーション協会　九州研究会資料」

▶ファシリテーターが好き勝手に描くのではなく、随時メンバーの確認を得ながら、議論をまとめるようにしましょう発言を文字で定着させれば、メッセージが伝わったことが目で確認でき、安心感を与えます。チームの共通の記録となり、同じ意見の反復や堂々巡りの議論を防ぐのに役立ちます。意見が発言者から切り離され、客観的に眺められるようになり、議論のポイントに意識が集中していきます。また、図解が創造力を刺激し、議論に広がりを与えるのにも効果があります。

そして、議論が終わった後には、結論やそこに至るプロセスが記録として残ります。会議やワークショップはもちろんのこと、ちょっとした打ち合わせや面談などでも、書きながら議論をすることを強くお勧めします。

会議では、備え付けのホワイトボードを使うのが手軽で便利です。あるいは、フリップチャートや模造紙を使って、書き終わったものからどんどん壁に貼っていきます。最近では、パソコンとプロジェクタを使っておこなう人も増えてきています。二〜三人の打ち合わせ程度であれば、コピー用紙に書き連ねながら、それを囲んで議論するのでもよいでしょう。

ファシリテーション・グラフィックの進め方

ファシリテーション・グラフィックを会議で使う場合には、ホワイトボードに向かってコの字型あるいは扇型に座席を配置します。ファシリテーターはホワイトボードの袖に立ち、二〜

三色のマーカーペンを使って発言を記録していきます。会議の進行と記録の両方を担当するのが大変な場合は、二人で分担してもよいでしょう（両者の息が合っていないと、かえってやりにくくなるので注意が必要です）。

ファシリテーション・グラフィックの基本的なやり方はとてもシンプルです。まず、発言のポイントを短い言葉で要約したり、キーワード（キーフレーズ）を抜き出したりして、箇条書き（アウトライン）の要領で並べていきます。できるだけ原意を損なわないよう、かといって長すぎないよう、要領よくまとめる力が必要となります。

次に、これだけだとメリハリがつかないので、キーワードを図形で囲んだり、下線をつけたり色分けしたりして、装飾をほどこしていきます。吹き出しを使って注釈を加えたり、記号を書き加えたりするのもよくやる手です。ちょっとしたイラストを加えるのも、場を和らげる効果があります。

その上で、ポイントとポイントとのつながりを、矢印を使って関係づけていきます。矢印の種類と向きで関係の種類、矢印の太さで関係の強さを表すのが一般的です。こうしておくと、意見の相互関係が分かりやすくなります。数値情報も、できる限りグラフや図表で表現するとイメージがつかみやすくなります。議論が終わったら、デジタルカメラで撮影して記録として残しておくと、メールで配布したり、そこから議事録をつくることもできます。

四つの基本パターンを使いこなす

ファシリテーション・グラフィックを使って発言を逐次記録していると、だんだんホワイトボードが言葉で一杯になり、せっかくの議論のプロセスが分かりにくくなってきます。

こういうときは、ある程度議論が出尽くしたところで、別のスペース（用紙）を使って、整理し直すようにします。あるいは、最初は意見を引き出す方に専念して、発言は頭のなかにメモしておき、議論の構図が見えてきたところで、意見を書き出していくという手もあります。

ときには、どういう構図で整理をすれば議論がまとまるのかが、あらかじめ分かっている場合もあります。その場合は、最初から構図を提示しておいて、それを埋める形で議論を進めていくのもよいでしょう（この場合には、メンバーのやらされ感が募らないような気配りが必要です）。

こういうときのために、情報整理の基本パターンを知っておくと大変便利です。基本は四種類だけなのですが、それぞれにたくさんの図解ツールが用意されています。その多くは、以前からＱＣ活動などで使われてきたものであり、問題解決を合理的に進める上で欠かせないものです。

これらは「ファシリテーション（問題解決）のツール」とも呼ばれ、できるだけたくさん覚えておいて、目的やチーム状態に応じて自在に取り出せるようにしておかなければなりません。どのツールを選ぶかは、議論の方向性を左右してしまいますから、ファシリテーターの責任は重大です。それだけに、お仕着せにならないよう、必ずチームの合意の上でツールを選ぶようにしましょう。

ここではツールをすべて解説する余裕がないので、四つの基本パターンの特徴と各々に応じた議論の進め方を紹介しておきます（図5-3）。

①モレなくダブリなく整理するツリー型

ロジックツリーの説明で述べたように、物事を大分類（幹）から小分類（枝）へと整理していくのが「ツリー型」です。世の中で一番よく使われているやり方で、どんなものでもすっきりと整理できます。ロジックツリー、意思決定ツリー、特性要因図、マインドマップなどが代表的なツールです。

ツリー型で構造化するよさは、網羅的な議論ができることです。たとえば重大な問題の根源的な原因を見つけ出すには、ありとあらゆる原因を疑ってかからなければなりません。こんな

図5－3 ◉ 図解の4つの基本パターン

<table>
<tr><th>タイプ</th><th>ツール例</th><th>イメージ</th></tr>
<tr><td>ツリー型</td><td>・ロジックツリー
・意思決定ツリー
・特性要因図
・マインドマップ</td><td>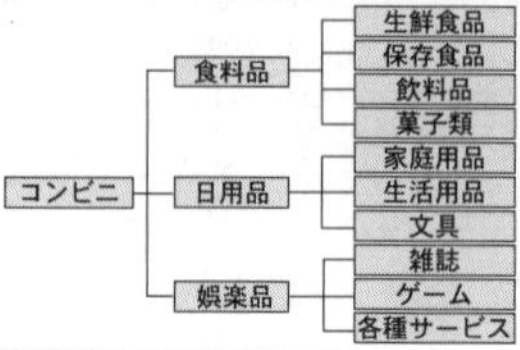
</td></tr>
<tr><td>サークル型</td><td>・円交差図
・集合図（ベン図）
・親和図
・ピラミッドチャート</td><td>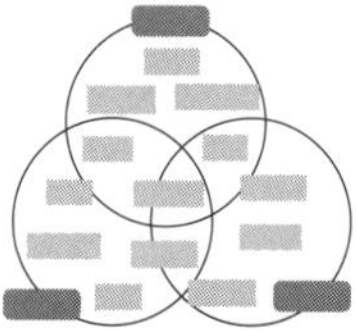</td></tr>
<tr><td>フロー型</td><td>・フローチャート
・プロセスマップ
・連関図
・システム図</td><td>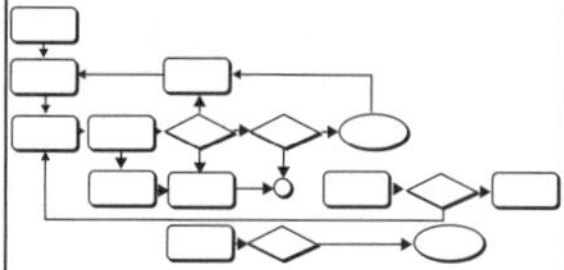</td></tr>
<tr><td>マトリクス型</td><td>・Tチャート
・ポジショニングマップ
・プロダクトポートフォリオ
・意思決定マトリクス</td><td>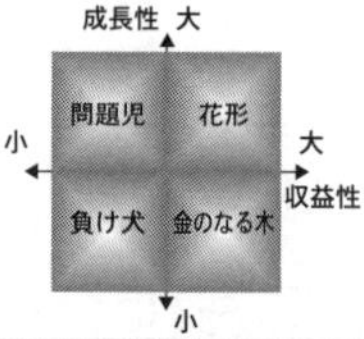
</td></tr>
</table>

▶この他にもたくさんのファシリテーションのツールがあり、問題の種類やチームの状態に応じて使い分けていきます

ときにモレやダブリがあったのでは重大な要因を見落とすかもしれません。ツリー型で整理しておくと隙のない議論が展開できます。

また、前に述べたように、レベルの違いでかみ合わない議論を整理するのにも便利です。蛇足になりますが、ツリーのどこにも位置しない的外れな発言は、図の片隅にメモしておいて、後で必ず取り上げることを約束しておくようにします。こうしておけば、無視されたと思われることもなく安心感を与えられます。これをパーキングロット（駐車場）と呼びます。

②重なりが新たな発想を生むサークル型

複数の要因が入り混じって、単純に区分けができないときに使うのが、「サークル型」です。似たような項目を円で一括りにして、円の重なり具合で項目同士の関係を表現します。円がまったく重ならなければ「独立」、重なっている場合は「交差」、大きい円のなかに小さい円が含まれる場合は「包含」というわけです。ツールとしては、円交差図、集合図（ベン図）、親和図、ピラミッドチャートなどが知られています。

サークル型で構造化すると、意見が集中している部分や、まったく意見が出ていない部分がよく分かります。議論が偏っているようなら、空白部分を埋めるように促せば、議論に広がりがでてきます。また、いくつかの円を重ねることで、思ってもみなかった組み合わせが見つかる場合もあり、ユニークなアイデアを生み出すのにも使えます。さらに、意見の重なり具合が一目で分かり、最大公約数を見つけ出すのにも役に立ちます。

③複雑なつながりを整理するフロー型

原因と結果のように、物事が連鎖的につながっている場合には、ツリー型やサークル型では手に負えません。こういう場合には、流れを表す「フロー型」を使わなければいけません。フローチャート、プロセスマップ、連関図、システム図などのツールがあり、システム思考はこのようなチャートを駆使した問題解決の手法です。いずれも、時間的な前後関係をもとにして項目同士を矢印でつなぎ、物事のつながりを分かりやすく表現するものです。

フロー型のよさは、物事のプロセスが議論できるようになることです。世の中の多くの問題は相互に関係しあっており、その構造に踏み込まないと本質的な議論になりません。その上で、どこにメスを入れれば最小の努力で最大の効果が得られるのか、レバレッジポイント（テコの支点）を探し出すのが、フロー型の議論の進め方となります。

④一刀両断に議論を切るマトリクス型

議論を構造化するのにもっとも強力で、それだけに使い方が一番難しいのが「マトリクス型」です。たくさんある切り口のなかで、対立の原因になっている論点を見抜き、それを軸にして議論の全体像を整理するのです。大きく分けて表とマップのふたつのタイプがあり、Tチャート、ポジショニングマップ、プロダクトポートフォリオ、意思決定マトリクスなどたくさんのツールが開発されています。

マトリクス型は、論点が錯綜している議論で威力を発揮します。混迷する議論が一刀両断のもとに整理でき、一つひとつの切り口にそって議論を詰めていけるようになります。また、それとは全然違う使い方になりますが、複数の切り口の組み合わせを使って、強制的に意見を出すのにも役に立ちます。

ところが切れ味が鋭いだけに、行（縦軸）と列（横軸）にどんな切り口を選ぶかによって、スッキリと整理できたりうまく構造化できなかったりします。軸を見抜く洞察力が必要となるのです。どんな軸を設定するかによって、ある程度議論の方向性が決まってしまい、使いようによってはファシリテーターにとって都合のよい構図に議論を誘導できます。使い方が難しいとはこのことで、よい議論となるよう戦略的に使いたいところですが、チームの納得の上で軸を設定するようにしたいものです。

フレームワークを活用する

どのパターンを選べばよいかが分かっても、どんな切り口で構造化していけばよいか、分かりづらいときがあります。フレームワークと呼ばれる、ミッシーに整理された情報体系を知っておくと心強い味方になります。

たとえば、ビジネスの世界では、ヒト・モノ・カネ、開発・生産・販売など、たくさんのフレームワークがあります。ＳＷＯＴ（Strength, Weakness, Opportunity, Threat）や３Ｃ（Company, Customer, Competitor）のように英語の頭文字で表されるものも多くあります。社会に目を転じても、衣・食・住や個人・組織・社会といったフレームワークがあります。本書のなかでも起・承・転・結、コンテンツとコンテクスト、形式知と暗黙知などのフレームワークをたくさん使って説明をしています。

こういったフレームワークは、いわば情報を整理する上での定石のようなものです。数多く知っていればいるほど、いろいろな切り口で議論が整理できます。基本的なものは一通り頭に入れておいて、いつでも取り出せるようにしておきましょう。

ただここで注意してほしいのですが、フレームワークに頼りすぎるのは危険です。ありきたりの枠組みで話を理解することになり、モレやヌケは少なくなりますが、斬新な発想が生まれにくくなるからです。下手をすると議論をカタにはめてしまい、通り一遍のアイデアしか出なくなってしまいます。

フレームワークは便利ですが、いろいろな切り口を試しながら、議論にもっとも適した枠組みを探すようにしたいものです。しっくりこないときは、一からやり直す勇気も必要となります。

最後に覚えておいてほしいのですが、図解がうまく理解できなかったり、「要素に分ける」という作業ができない人が、少なからず世の中にはいます。これも良い悪いではなく、思考パターンが違うだけで、そういう人に限って直観力が優れていたりします。ですから、こうい

COFFEE BREAK

——ファシリテーション・グラフィックのエクササイズ——

①題材となる文章をメンバーに配布します。文章はできるだけ分かりやすいものがよく、Ａ４判１枚程度（1000字～1500字）が適当です。たとえば、新聞の社説やプロが書いたメールマガジンのコラムなどが、主張も論理構成もしっかりしていて使いやすいでしょう。できるだけ、誰もが馴染みのある平易なテーマのものを選ぶようにします。まずはしっかりと文章を読んで、内容を理解してもらいます。

②その文章からポイントを抜き出し、アウトライン（見出しと箇条書き）を使って要旨を体系的に整理していきます。

③アウトラインができたら、さらにそれを図解にして構造化していきます。

④全員できあがったら、アウトラインや図解を近くの人と見せ合います。ポイントの整理の仕方やまとめ方の違いを話し合います。

⑤話し合いが終わった後で、自分のまとめ方の特徴や改善のポイントを振り返ります。

う人に闇雲に図解を押しつけるのは誉められた話ではありません。文章で説明したり、なにかイメージの湧きやすいものにたとえたりして、その人の思考パターンに合ったアプローチを考えるようにするとよいでしょう。

〔Ⅵ〕

合意形成のスキル

――まとめて、分かち合う

1　合理的で民主的に意思決定をする

意見を十分に引き出し、ある程度整理できたなら、いよいよチームの意思決定に向けて合意形成していくステップになります。異なるコンテクストから新しいコンテクストを生み出すもっとも重要なプロセスです。ファシリテーターの舵とりが結論に大きな影響を与えるだけに、責任は重大です。

ファシリテーターは、適切に合意形成の手法を使い分けるのはもちろんのこと、いままでに学んだスキルを総動員して、刻々と変化するチームの状況に即興的に対応していかなければなりません。とはいっても、ファシリテーターは調停者ではないので、メンバーの意見を調整したり、妥協案を斡旋したりする必要はありません。チームが自律的に意思決定できるよう、プロセスへの働きかけをしていけばよいのです。

評価基準を使った意思決定

集団による意思決定にはいくつかのやり方があります。一番合理的なのが、なんらかの基準にもとづいて選択肢を評価し、最良のものを選び取る方法です（図6－1）。会議やワークショップでよく使う代表的なやり方をいくつか紹介しましょう。

①メリット・デメリット法

選択肢をすべて並べて、それぞれのメリットとデメリットを列挙し、メリットが一番大きくてデメリットが一番小さい案を選び取るものです。一番単純な方法であり、選択肢が少ないときや、メリット・デメリットが直観的に理解しやすいときに適しています。

②ペイオフマトリクス

問題解決型のワークショップでよく使われる方法です。アイデアがたくさん出てきたときに、実現性（遂行が簡単、難しい）と収益性（収益が大きい、小さい）の2×2のマトリクスで分類します。もっとも望ましいのは、遂行が簡単で効果が大きいものであり、この条件を満たすものを最良のアイデアとして採用します。軸の選び方は、投資（大きい、小さい）、効果（短期、長期）など、他にもいろいろなパターンがあります。

図6-1 ◉ ファシリテーションで活用できる意思決定法

●メリット・デメリット法

	メリット	デメリット
A案	① ② ③	① ② ③
B案	① ② ③	① ② ③

●ペイオフマトリクス

	遂行が容易	遂行が困難
収益小	すぐできる	時間の無駄
収益大	ボーナスチャンス	努力が必要

●意思決定マトリクス

ウェイト（重み）	収益性 ×3.5	実現性 × 2.0	成長性 × 2.5	親和性 × 1.0	波及効果 × 1.0	合計
アイデアA	10	7	1	5	3	59.5
アイデアB	1	5	1	3	10	29.0
アイデアC	5	1	7	1	7	45.0
アイデアD	1	10	3	7	1	39.0

●多数決を使うポイント

①なるべく、最終決定ではなく、アイデアの絞り込みに使う
②重要な判断は発案者の同意やチームのコンセンサスを求める
③最終決定に使う際には、アイデアの統合を十分にしておく

●コンセンサス法のポイント

①合理的で民主的な議論を心がける
②みなと異なる少数派の意見を大切にする
③全員が納得するアイデアを粘り強く考える

▶評価や比較による手法は判断の有力な材料になりますが、最後はチームのコンセンサスで決定しなければなりません

③意思決定マトリクス

ペイオフマトリクスでは評価項目が足りないときに使います。最初に、収益性、実現性、成長性など、いくつかの評価項目を設定し、それぞれの重要度に応じて重みをつけます。次に、評価項目にそって一つひとつのアイデアを採点していき、重みと掛け合わせていきます。その総和が一番大きいアイデアがもっとも優秀なアイデアというわけです。

④イーブンスワップ法

評価項目が多数あり、それぞれの評価基準がバラバラなときに便利な方法です。たとえば、二〇〇〇ccで一八〇〇万円のセダンと二五〇〇ccで二五〇〇万円のRVを比較するとしましょう。このままでは比較しづらいので、セダンを二五〇〇ccに置き換えた場合の価格を二二五万円とはじきだします。こうすれば、排気量は評価項目から除外でき、価格だけで優劣が比較できます。どんなにたくさん評価項目がある場合も、これを繰り返すことで意思決定が単純化できるのです。

合理的な意思決定の落とし穴

このような定量的な評価によって意思決定する方法は、評価基準が明確で合理的に意思決定できるというメリットがあります。メンバーの合意も得られやすく、意思決定のプロセスが振り返れるので、よりよい方法へと改善することもできます。評価基準のすり合わせを通じて価値観そのもののすり合わせもできます。

ところが実際にやってみると分かるのですが、意外に評価者の心理状態に左右されやすく、気分によってもかなりバラツキが出てしまいます。フレーミング、アンカリング、サンクコストといった意思決定の罠を防ぐことはできません。わずかな評価の差はあまり意味を持たず、これだけで機械的に意思決定できるというものではありません。

それに、合理的とはいえ、誰もやるつもりのない案や、理想を追い求めた優等生的なアイデアが選ばれたのでは、結局実行されずに終わってしまいます。多少見劣りするアイデアでも、チームが本気になって取り組めば、思わぬ成果が得られるものです。

さらにいえば、単純にこのような功利的な観点だけで評価するのであれば、ファシリテーターがいなくても意思決定ができるかもしれません。そこに規範的または感情的な問題が絡み、それがチームの実行段階のモチベーションにつながるからこそ、ファシリテーションが必要となるわけです。

とことん合理的に選択肢を評価した後で、最後に腹をくくるのは、チームの話し合いで決めるしかありません。「意志のない意思決定は意思決定ではない」ことを忘れないようにしましょう。

多数決を使った意思決定

ビジネスの世界ではあまり馴染みがありませんが、一般的な合意形成では、多数決はよく使われる方法です。そのメリットは、全員が平等に参加でき、民主的に意思決定できることです。その反面、最良の答えが選ばれるとは限らず、全員の総意で間違った答えを選ぶ可能性もあります。

ですので、多数決は最終的な意思決定ではなく、選択肢の絞り込みに使うのが無難なところです。どうしても最後の意思決定に使わなければいけない場合には、その前に少数派の意見を多数派の意見に盛り込み、アイデアを十分に練り上げておく必要があります。

ここで紹介するのは、いずれも多数決を使った絞り込みの技法です。どの手法も、単純に多数決で選択肢を絞り込むのではなく、重要な判断は発案者の同意やチームのコンセンサスが必要となっています。多数決の弊害が少しでも減らせるよう工夫がされているのです。

①多重投票法

一人一票ではなく、複数票を持っていることから、こう呼ばれています。一人が複数のアイデアに投票して、点数の少ないアイデアはメンバーの合意を得た上で除外します。この作業を繰り返してアイデアの数を減らしていき、最後に得点が集中したアイデアがあれば、それが最良のものかどうかを議論した上で採否を決めます。複数のアイデアが横並びのときは、賛成・反対を議論した上で、多数決ではなく全員のコンセンサスでどれかを選びます。

②ノミナル・グループ・プロセス

アイデアの優先順位づけに多数決を利用する方法です。最初はブレーンストーミングによってアイデアを出し、それが終わったら一つひとつ吟味した上で、統合できるものはまとめていきます。次に、各メンバーがアイデアのベスト五を選び、一位：五点、二位：四点というようにして投票していきます。最後に、各アイデアの得点を合計して、アイデアのベスト五（または一〇）を選びます。あとは多重投票法と同じで、残ったアイデアをもう一度議論しながら、全員のコンセンサスで最善のものを選びます。

コンセンサスを使った意思決定

集団による意思決定で理想的なのは、全員が合意するアイデアをみんなでつくりあげていく方法です。それはチームの相乗効果が生まれやすく、全員が納得しているだけに、実現性が高い案となるからです。「コンセンサス法」と呼ばれ、社会的な合意形成をはじめ、幅広い分野で用いられています。

コンセンサスとは、誰かのアイデアを全員に押し付けたり、集団の力で一部の人に受け入れられないような案を強制したりすることではありません。各人にとっては必ずしも最良の案でなくても、メンバー全員が支持できる案を、チーム全体でつくりだしていくのです。

コンセンサスづくりを進める上での留意点が三つあります。一つ目は、合理的で民主的な議論をすることです。情緒に流されず、論理的な議論を心がけることがコンセンサスづくりにおいても基本となります。そのため、地位の力を利用したり、メンバー同士で取引をしたりするのは、厳しく戒めなければなりません。

二つ目に、みなと異なる少数派の意見を大切にすることです。多数派は、少数派の意見をよく聴き、決して言い負かそうとしてはいけません。逆に少数派は、衝突を避けようと、意見を取り下げたり、簡単に変えたりしてはいけません。少数派の意見が生きてこそ、本当の意味でのコンセンサスが形成でき、優れた意思決定ができるのです。

三つ目は、全員が納得するアイデアを粘り強く考えることです。コンセンサスを築き上げるには相当な時間とエネルギーを要します。それが耐えられずに、安易に多数決をしたり、情緒的に決めたりしてはいけません。全員が一致できそうなアイデアが見つかったときでも、他のアイデアを検討もせずに捨てるのは感心しません。さらに磨きをかけるものはないか、ブラッシュアップを怠らないようにしましょう。

実際にコンセンサス法を使う場合には、①全員の合意のなかで選択肢を絞り込んでいく、②複数のアイデアを統合して全員が納得できる案にまとめあげる、③残った選択肢よりもさらによい第三の案をつくりだす、の三つのアプローチがあります。

いずれのアプローチをとるにせよ、優れたコンセンサスを築き上げるには、ファシリテーターの働きかけがポイントになります。単に合意をまとめればよいのではなく、できるだけ納得性を高めるよう、合意形成のプロセスに気を配らなければなりません。

しかも、ファシリテーター自らが意見の調整や斡旋案を提案したのでは、ファシリテーションになりません。ファシリテーターはプロセスに働きかけるのであって、生み出すコンテンツはメンバー自身に考えさせないといけません。かなり忍耐強い働きかけが必要となり、それだけに達成感の大きい仕事となるはずです。

2　協調的にコンフリクトを解消する

コンフリクトが創造性を生み出す

人と人が集まって話をするとなると、必ずそこに意見や意識の食い違い（ギャップ）が生まれます。互いに関わり合いがなければ、ギャップがあってもなにも問題はありません。しかし、意見を調整して共通の目標を達成しようとすると、そうはいきません。多くの場合、対立を生み出すもとになり、対立を解消しないと目的が達成できなくなってしまいます。

意見や意識のギャップから生まれる対立、葛藤、衝突、紛争などを「コンフリクト」と呼びます。コンフリクトは、意思決定を妨げるだけではなく、ひどい場合にはチームを分裂の危機に陥れる可能性があります。自律分散型組織のように、たくさんの人がイニシアティブをとればとるほど、コンフリクトは増えてきます。ファシリテーターにとって避けては通れない代物であり、これが適切に処理できるかどうかは、まさに腕の見せ所です。

初めに覚えておいてほしいのですが、コンフリクトは決して悪いものではありません。どちらかといえば、私たち日本人はコンフリクトを扱うのが苦手です。和を大切にするあまり、できるだけコンフリクトを避けようとします。有っても無いような態度をとったり、安易に妥協して対立をなくしてしまおうとしたりするのです。

しかしながら、これではせっかくのコンフリクトのよさが活きてきません。コンフリクトは、チームに新しい視点と緊張感を与えてくれます。コンフリクトを解消しようと、多面的な角度からアイデアが出され、ありとあらゆる選択肢が検討されます。そのおかげで、モレやヌケのない創造的なアイデアが生み出されていくのです。

ファシリテーターはコンフリクトを前向きにとらえ、それをプラスの価値へと転化していかなければなりません。また、そうした雰囲気がチーム内でできるよう、コンフリクトが起こっても、ポジティブな働きかけをしていかねばなりません。コンフリクトがないときには、あえてコンフリクトをつくって議論を活性化させることも必要となります。それくらいやってこそ、優れた意思決定ができるのです。

コンテクストを共感的に理解する

コンフリクトを解消させるには、まずコンフリクトが生まれるメカニズムを知っておく必要があります。

Ⅲ章で述べたように、人はそれぞれに考え方の枠組みを持っています。それは、コミュニケーションがうまくいかない原因になるだけではなく、意識のギャップを生み出すもとにもなっています。

コンフリクトは、表面的には意見そのもの（コンテンツ）が対立しているように見えます。ところが、実際にはその裏にある考え方の枠組み（コンテクスト）が対立しているのです。だから、人間関係にギャップやコンフリクトはつきものであり、それを避けるのは不自然な話なのです。

こう考えていくと、コンフリクトを解消するためには、コンテクストをぶつけあっているだけでは埒があかないことに気がつきます。互いのコンテクストの違いを理解し、それを尊重しあわなければならないのです。

ファシリテーターは、コンフリクトが発生したときには、メンバー相互の理解が深まるような働きかけから始めます。まず、「Aさんは、Bさんのご意見をどのように理解されましたか？」と、互いの意見を正しく理解したか確認します。

その上で、「では、Bさんはなぜそのような意見をお持ちになったのか、背景を聞かせてもらえませんか？」と質問をしていきます。そうやって、意見の裏にあるコンテクストを引っ張り出すのです。

それが終われば、もう一度「Aさんは、なぜBさんがそのような意見を持つようになったか、背景が理解できましたか？」とコンテクストの理解度を確認します。それができれば、双方ともにコンテンツもコンテクストも理解したことになります。

ただこれだけだと、言葉の上だけで理解したのかもしれません。心のなかでは「だからBさんはダメなんだ」と評価的に理解しているのかもしれません。Bさんの主張を、Bさんの心のなかにあるのと同じレベルで理解しないと、本当の意味での理解になりません。

そこでさらに、「では、あなたがBさんと同じ考え方を持っているとしたら、どのような意見を持つと思いますか？」と尋ねて、共感的に理解したかどうかを確認していくのです。これで初めて、本当の意味で互いが分かりあい、コンフリクトの解消に向けてのスタートが切れるのです。

このようにファシリテーターは、互いのコンテクストの橋渡し役（ブリッジ）にならなければばいけません。そのためには、ファシリテーター自身が、メンバーの意見を共感的に理解することが大切です。ファシリテーターには、どんなコンテクストも受け入れられる柔軟性が求められるのです。

共感があれば Win-Lose にはならない

互いのコンテクストが理解できれば、いよいよ対立の解消に向けての話し合いになります。ときどき誤解をする人がいますが、対立は解消しなければなりませんが、ギャップは解消する必要はありません。それぞれの意見やコンテクストを変える必要はまったくないのです。違いを認めあった上で、現在直面している論点に対して、双方とも満足できるアイデアを一緒になって考えていけばよいのです。コンテクストを変えるのは至難の業であり、そこを間違えるといつまでたっても水掛け論になるばかりです。

このステップでも大切なのは、先ほどの共感的な理解です。自分の主張ばかり考えて取り分を増やそうとすると、相手の主張がほとんど通らなくなります。それが相手にとってどんな利害や感情を生み出すのかを、相手の立場になって考えてみてください。そうすれば、それが両者にとって望ましいことではないのに気がつくはずです。

自分の立場だけではなく、相手の立場にも配慮した主張であれば、相手も受け入れやすくなります。たとえ、主張を少し譲ったとしても、負けたという気持ちにはなりません。感情的なしこりを残すことも少なくなります。

そのためにもファシリテーターが「いまのAさんのご提案は、Bさんにとってどういう意味を持つか、Aさんは分かりますか?」といった共感的な理解を促す働きかけが大切になります。

Win-Winでの対立解消をめざす

いま述べたのは、片方の取り分が増えれば、もう片方の取り分が減る「Win-Lose」(勝ち負け)の関係で対立を解消しようとする場合での進め方です。さらによいのは、双方が共に勝者となる「Win-Win」の形をめざすことです。

たとえば、Aさんがどうしてもこだわる点はBさんが譲り、その代わりにBさんの主張は別の手段で実現できないかを考えます。同じように、Bさんがもっともこだわる点についても、Aさんは別の手段で達成できないかを考えます。こうやってお互いに本当にほしいものを交換すれば、Win-Winでの対立解消となります。

あるいは、対立のもとになっている本質的な原因を見つけ出し、それをつぶすことによって、対立そのものをなくしてしまうという方法もあります。こうなれば、双方ともに一〇〇％満足ができ、理想的な対立の解消となります。

こういった、納得性が高い対立解消をするには、メンバーが共感的に理解しあい、メンバーの取り分の総和が最大になるよう、粘り強く話し合いを続けるしかありません。一人の勝者を選ぶような議論になったり、説得と譲歩を繰り返す交渉的な話し合いになったりしないように、ファシリテーターが誘導していく必要があります。

それに、Win-Winでの対立解消は、チームのなかで信頼関係があり、協調的な雰囲気のなかで議論ができるようでなければ実現できません。こうした関係を対立が生まれる前につくっておかなければならず、対立が起きてから仲良くしようといっても遅すぎるのです。

そういう意味では、「いかに優れた場をつくるか」という、ファシリテーション活動の総決算がコンフリクトの解消なのかもしれません。それがチーム自らの力によって首尾よくできれば、ファシリテーターへの大きな信頼が生まれてくることでしょう。

リーダーとファシリテーターのコンフリクト

コンフリクトを乗り越えて、チームの案がひとつにまとまれば、大きな山を越えたことになります。通常は、リーダーとファシリテーターは別の人が担っていますので、チームの案を採用するかしないかを、リーダーが最終的に判断します。

無事採用してもらえれば問題がありませんが、不採用とされたらどうすればよいでしょうか。おそらくリーダーは苦渋の選択をしているはずで、そこのところをチームに十分に説明をする責任があります。かたやファシリテーターは、チームの結論を押し付けるのではなく、議論のプロセスを十分にリーダーに理解してもらうようにします。その上で、両者とも衆議を尽くしたことと、リーダーが判断の責任を負うことを確認して、リーダーの決定にチームが従うようにします。

一方、リーダーがファシリテーターを兼ねている場合には、よほどの場合を除いて、チームの案は採用しなければなりません。これでは不安だと思われるかもしれませんが、リーダーの意思は、ビジョンや経営哲学といった形で、日常のコミュニケーションを通じてチームに伝えておくものです。それさえできていれば、そんなにおかしな結果にならないはずです。逆にいえば、そういった大きな方向性だけを伝えておき、後は個々のメンバーのリーダーシップに任せるのが、支援型リーダーの正しい姿なのです。

3　学びを次につなげる

成果の確認と行動計画づくり

意思決定までたどり着ければ、活動の目的は達成できたことになります。しかしながら、ファシリテーターの仕事はこれでは終わりません。あらゆる知識創造活動には、報告書やアクションプランなどの目に見える成果だけではなく、参加者の心のなかに目に見えない成果を生み出しているからです。

知識創造活動は、チームやメンバーのなかに新たな学習を生み出し、成長への糧となっていきます。活動から得た気づきを確かめ合い、その意味を考え、次の行動へと結びつけてこそ、学習を定着することができます。そこまでがファシリテーターの仕事であり、必ず一連の活動を振り返るようにさせなければなりません。

最初に述べたように、支援型リーダーとは、メンバー一人ひとりをリーダーにするリーダーシップスタイルです。そのためには、メンバーの主体性を育み、自律的に成長させていかなければなりません。そのための最良の方法が、この振り返りなのです。

学習を深めるプロセスについては、既にⅢ章で述べていますので、具体的な働きかけのフレーズだけを紹介していきましょう（参考文献：津村俊充他『ファシリテーター・トレーニング』）。ファシリテーターの基本的なフレーズとして是非覚えておいてください。

①気づきを与える

「あなたは、なにをしましたか？」「なにをしませんでしたか？」

「活動のなかでなにを感じましたか？」「なにを考えましたか？」

②気づきを分かち合う

「自分の気がついたことを人に伝えてみてください」

「それは他の人と同じですか？」「違いがありますか？」

③意味を考えさせる

「それはあなたにとってどのような意味がありますか？」

「なぜそのように感じた（した）のでしょうか？」

④学びを一般化する

「そのことから、あなたはなにを学びましたか？」

「それには、どのような原理や法則が働いているでしょうか？」

⑤応用を考えさせる

「学んだことを、どのようなとき（場面）に応用できますか？」

「あなたの課題や行動目標はなんでしょうか？」

⑥実行を促す

「あなたの課題を実行するために、必要なことはなんですか？」

「課題を実行した（しない）ときになにが得られますか？」

フィードバックが自己成長を生む

振り返りで大切なのは、良い「フィードバック」をメンバーからもらうことです。

自分のことはなかなか自分では分かりません。鏡を見ないと自分の姿が分からないように、他人から指摘されないと自分のことには気がつかないものです。自分では分からない思考の偏り、考え方の枠組み、潜在的な能力などを知るには、他人から指摘してもらうのが一番の方法

図6-2 ◉ ジョハリの窓

▶自己開示とフィードバックを繰り返していけば未知の窓がどんどん小さくなり、自己成長を遂げることができます

です。

良いフィードバックとは、相手の行動や態度を見て思ったことや自分に与えた影響などを、できるだけ具体的に伝えてあげることです。批評や助言は必要なく、相手の行動をコントロールするようなことを言ってはいけません。フィードバックを聞いてどうするかは相手に任せておけばよく、相手を写す鏡として、ありのままを伝えてあげればよいのです。

フィードバックの有用性を語るのに、心理学者のジョセフ・ラフトとハリー・インガムが考案したジョハリの窓（the Johari window）というモデルがありま

す。

自分の心のなかを、自分が知っている／いない、他人が知っている／いないで区分けし、２×２のマトリクスをつくります（図６－２）。そうすると、①開かれた窓、②隠された窓、③気づかない窓、④未知の窓の四つの領域に分かれます。

積極的に他人に自分を開示すると、①開かれた窓が②隠された窓の方に広がっていき、他人の反応から自分に気がつけば、①開かれた窓が③気づかない窓の方に広がります。つまり自分を開示して、それに対して他人がフィードバッ

COFFEE BREAK

――コンセンサス法のエクササイズ――

①４～６人のグループを複数つくってください。
②グループで旅行に行くとすればどこに行きたいか、各自で行きたい場所をひとつ考えます。
③各自が行きたい場所を披露し、話し合いによってグループの行き先を決めてください。
④話し合いに際しては、次の点に注意して、協調的な解決をめざしてください。
　・安易に多数決や妥協をせず、全員が満足する行き先を決めること。
　・相手を攻撃せずに、協調的なコミュニケーションを心がけること。
　・互いの主張をよく聴き、主張の裏にある本質的な欲求を尊重しあうこと。
⑤行き先が決まったら、グループごとに、「どのようなプロセスで行き先が決まったか」「行き先の決め手になったのはなにか」「行き先を決めるにあたってどんな工夫をしたか」などを振り返ります。
⑥最後に、グループ発表をして、このエクササイズで学んだことを交換します。

クするという好循環が生まれれば、④未知の窓がどんどん小さくなります。それによって、潜在的な自分の能力が開発され、自ら成長を遂げることができるのです。

振り返りはメンバーを成長させる絶好の機会です。ファシリテーター自身もメンバーに対して適切なフィードバックを返してあげなければならず、それがメンバーにとってなによりのプレゼントになるはずです。

［Ⅶ］

ファシリテーションの実践に向けて

1　ファシリテーションで会議を変える

硬直化・形骸化した部内会議

本書の仕上げとして、これまで述べてきたスキルを実際にどのように活用していけばよいのかを見ていくことにしましょう。

＜仮想ストーリー＞

営業部長Ａ氏の頭痛のタネは、毎週開かれる部内会議です。この会議は、Ａ部長を議長に、セールス、業務、サービスの各セクションを担当する一二人の課長・係長クラスが集まり、現状の問題を共有化し、営業部としての取り組みの方向性を決定するものです。ところが現実には、各々の進捗状況と目標未達の言い訳を報告する場になってしまい、なかなか建設的な議論になっていきません。業を煮やしたＡ部長が発言をすればするほど部下は押し黙り、気がつけばいつもＡ部長の独演会になってしまいます。意見が出ないので、Ａ部長が決めた結論を承服しているのだと思ったら、現実はそれと正反対。面従腹背を決め込み、決まったことが思うように実行に移されないのです。それで、また次の週に同じ議論を繰り返すといった状態が続いています。
　そんな悩みを人事部長に相談したところ、「ファシリテーション」という手法があることを教えてもらいました。早速、部下のB課長と一緒に一泊二日の研修を受け、一通りのスキルを身につけてきました。今日は、B課長のファシリテーターとしてのデビューの日です。ファシリテーションがどれほど役に立つのか、不安な気持ちを抱えながら部内会議に臨んだのでした。

　A部長の部内会議に限らず、多くの会議では意思決定者と進行役を同一人物が担い、その人が思い描く結論を追認するだけのアリバイづくりの場となっています。議長といっても、会議を効率的に進めるためのトレーニングはまったく受けておらず、問題解決のプロセスやツールを合意形成に役立たせるノウハウはほとんど持ち合わせていません。
　ファシリテーション研修を通じて、そこに気がついたA部長とB課長が、どのようなファシリテーションで会議を成功に導いたかを、順を追って見ていきましょう。

問題解決型の会議をデザインする

　会議の前日にA部長とB課長は、会議をどのような場にするか、入念な打ち合わせをしました。二人の共通した思いは、部内会議を各セクションの代表者が安心して自由に発言でき、一緒になって問題解決をおこなう「協働の場」にしたいということです。そのために、進行はB課長がすべて担当し、A部長は会議の冒頭で自分の基本的な考え方を披露してもらうにとどめ、あとはじっと議論を見守ってもらうことにしました。

また、形骸化した会議と一線を画する意味で、少しワークショップ的な要素を取り入れたプロセスを考えました。今までよりも長めの時間をとり、前半ではダイアログ（→七一ページ）を通じてメンバーの意識ぞろえをおこない、後半で直面する課題に対する方策をディスカッション（→七一ページ）していきます。

具体的には、「起承転結」型プロセス（→六六ページ）と「問題解決」型プロセス（→七二ページ）を取り混ぜ、①問題点を共有する、②望ましい姿を描く、③ギャップを埋める方策を考える、という流れを組み立てました。さらに各ステップでの成果物、使用するツール、議論する単位（グループ討議か全体討議か）を決め、簡単な進行表（プロセスマップ）にまとめました。

加えて、せっかく新しいスタイルで会議をするのですから、気分転換もかねて会議の場所も変えてみました。会議の場所は場の空気に微妙に影響し、オフィスから離れすぎると遊びのムードが強くなり、近すぎると頭の切り替えが十分でなくなります。結局オフィスから少し離れた、営業所の会議室を使って、現場の空気を感じながら会議を進めることにしました。あわせて、立場を離れて自由に意見交換できるよう、「縄張りなし」「聖域なし」といったグラウンドルール（↓八三ページ）もいくつか用意しました。

事実を引き出し、問題の構造を明らかにする

いよいよ会議の当日です。最初にB課長が今回の会議の狙いを紹介し、そのなかでファシリテーターと議長の役割の違いを説明しました。続いてA部長が、営業部としての基本的な考え方や上司としての思いを語り、議論そのものはB課長とメンバーにゆだねることを宣言しました。

最初のステップは、アイスブレイク（↓八二ページ）をかねて各担当者の問題意識を自由に語り合うセッションです。まずB課長が口火を切り、昨日起こったトラブルを引き合いに出して、自分の担当地域での悩みや営業部全体に対する不満を率直に話しました。

それに勇気づけられ、またB課長のそそのかしにも乗せられ、いつもと違う展開に戸惑うメンバーたちも、少しずつホンネで語り始めました。それには、どんな発言もしっかり受け止めるB課長と、普段とは別人のように黙ってうなずきながら議論を温かく見守るA部長の姿が大きな後押しになりました（↓八八ページ、傾聴）。

次に、大まかな共通理解と仲間意識ができたところで、具体的なデータや事実を提示しあいながら、「私たちが直面する問題はなにか？」を深掘りしていくことにしました。ここでメンバー全員が、当事者意識を持って問題点が分かち合えるかどうかが会議の分かれ道です。じっくり腰をすえて営業部が抱える問題の意味を語り合っていきました。

そうするうちにB課長は、セールス、業務、サービスの三つのセクションの問題が複雑に絡み合っているのに気がつきました。そこでフロー型のツール（↓一五四ページ）を使って問題を整理することを提案しました。カードに問題を書き込んで貼り出し、並べ替えたり矢印を書いたりしながら、各々の因果関係を調べていくのです。

やってみると驚いたことに、各セクションの問題は見事に循環構造になっており、各々が協力しないと解決できないことが明らかになりました。これは今回の会議の大きな収穫です。いつものような言葉だけの上っ面の議論では、なかなかここまでの問題意識の共有はできません。あらためてファシリテーションの有効性をB課長は感じたのでした。

最良のアイデアを協働でつくりあげる

前半の議論で、問題の構造が明らかになったので、後半はそれを解決するアイデアを全員で考えていきます（→七二ページ、「問題解決」型プロセス）。

まずは、どこまでのレベルの解決を望むのか、到達点のすり合わせから始まります。ところがここで思わぬ暗礁に乗り上げました。時間がかかっても一〇〇％完全な解決策を考えるのか、すぐに効果があがる即効性の高いアイデアを考えるのか、意見が真っ二つに分かれてしまったのです。散々議論した挙げ句、会議の冒頭で披露されたA部長の考えに立ち返り、後者を選ぶことでなんとか目標を設定しました。

これで現状と目標が明らかになり、いよいよそのギャップを埋める解決策を考えていくステップです。いつもなら、「自分は精一杯に頑張っていて、よそのセクションがもっと努力すべきだ」と責任の押し付け合いになるところです。ところが、今回はそれは許されません。循環構造を持った問題ですので、自分はなにもせずに、他人に責任を押し付けるだけでは、結局問題は大きくなって自分のところに帰ってくるだけだからです。

そこで、悪循環を断ち切るために、「自分のセクションはなにができるか」を議論してもらうことにしました。セールス、業務、サービスの三つのグループに分かれて、ブレーンストーミング（↓六九ページ）でアイデア出しをしてもらったのです。

　そうして出てきたアイデアを、費用対効果のペイオフマトリクス（↓一六一ページ）で整理しながら、どれがもっともよいレバレッジポイント（↓一五四ページ）となるかを全員で議論していきました。この頃には、「セールスの連中があそこまで真剣に考えているのなら、ウチのセクションは……」「ウチはここまで頑張るから、そっちもなんとか協力してくれないか」といった信頼と協働の関係ができあがり、B課長のファシリテーションはだんだん必要なくなってきました。

　最終的には、いつもとは見違えるほど実効性の高い施策がまとまり、それを三つのセクションで一致団結しておこなうことになりました。この施策を、議長であるA部長にメンバーの総意として提案したところ、めでたく採用の運びとなりました（↓一七六ページ、リーダーとファシリテーターのコンフリクト）。発言したい気持ちを必死にこらえていたA部長も、予想外の素晴らしい結果に大満足です。大至急具体的なアクションプランづくりに入ることを確認して、部内会議は終了しました。

　チームとしての効用感を味わった営業部の面々を見ながら、B課長は「これはいける！」という確かな手ごたえを感じました。それと同時に、会議を振り返っていくつか自分の課題に気がつきました。

ひとつは、問題解決だけではなく、その活動を通じて組織そのものを改革していくための体系的な手法を習得することです。そうしないと本質的な問題解決につながらないことに気がついたのです。自律的に問題解決ができる組織をつくるためには、さらにスキルを磨き、多様な場の経験を積んでいかなければいけません。

もうひとつは、そうしたときに必ず出てくる、さまざまなコンフリクトへの対処（→一六九ページ）です。今回も目標設定のところで大きな対立が発生し、もっとよい収め方があったのではないかと反省の余地が残りました。その舵とりがやや強引だったせいか、会議の流れに十分巻き込めず、非協力的な態度をする人をつくってしまったのも悔やまれます。そういう人たちへの対応ノウハウを習得しておかないと、互いの考え方の枠組みがぶつかりあう、本当の修羅場ではとても通用しないと思ったのでした。

2　支援型リーダーをめざして

場から学び、場で鍛えられる

いかがでしたか？　ファシリテーションのイメージが具体的になったでしょうか？

本書を通してお読みになって分かるように、ファシリテーションはとても懐の深い技術です。習得するには心理学と経営学の幅広い知識と、対人系と思考系の深いスキルが要求されます。

本を読んだり、研修を受けたりすれば、ある程度の知識は身につきますが、それだけではファシリテーションはできません。技を身につけるには体験から学ぶしかなく、実践経験を積むことが唯一の上達の方法です。それもできるだけ多様な場を経験しなければなりません。そうやって、応用的なスキルを高めるとともに、どんな場面でもひるまない度胸をつけることが大切なのです。

前に述べたように、単に場数を踏むだけでは学びは深まりません。必ずチームからフィードバックをもらって、自分を振り返るようにしましょう。そのフィードバックこそが自らを育てる糧であり、チームからファシリテーターへの最高の贈物なのです。

特にプロフェッショナルや支援型リーダーをめざす方にとっては、高度な専門知識の習得に加えて、体験学習のサイクルを回すしかスキルアップの道はありません。どれだけ良いフィードバックがもらえるか、またそれをどれだけ学習に結びつけられるかが、能力向上のカギとなります。協働の場をつくるのがファシリテーターなら、自らがつくった協働の場で鍛えられるのもファシリテーターなのです。

協働の場を育み、活動に意味を与える

そうやって研鑽を積んだり、一流のプロの技を研究したりしていけば、ファシリテーションは知識やテクニックだけではないことにも、だんだん気がついてきます。その人が持つ使命感や存在感、人や社会への責任感や奉仕精神など、最後には「人間力」というしかないものの存在が大きいことに気がつきます。特別なトレーニングを受けなくても、ファシリテーションを見事にやってのける人が世の中にいるのもそのためです。

だからといって、最初から人間力で勝負するのは見当違いです。人間力は、本書で述べたよ

うな技をとことん磨いていくなかで、ディープナレッジとして身についていくものだからです。そして、チームの喜びが自分の喜びとなり、大きな愛でチームを包み込めるようになって初めて、信頼されるファシリテーターとして、組織や社会を引っ張っていけるのです。

それと最後に忘れてならないのは、ファシリテーターの高い志です。中立な立場というのは、志を捨てて無色透明になることではありません。組織活動の意義が感じられなければ人は動かず、協働のパワーを引き出すには、ファシリテーターが活動の意味づけをしなければなりません。それは、当事者が議論している内容を超越した、大義ともいうべき大きな理念やビジョンです。そのエネルギーを惜しみなく場に降り注いで協働のダイナミズムを生み出していくのです。

人と人の協働の場を育み、活動そのものに意味を与えていく。これこそが、支援型リーダーとしてのファシリテーターの責務なのです。

ブックガイド

●ファシリテーション全般（1章）

・堀 公俊『問題解決ファシリテーター』東洋経済新報社、二〇〇三年
・フラン・リース『ファシリテーター型リーダーの時代』プレジデント社、二〇〇二年
・中野民夫、森 雅浩、鈴木まり子、冨岡 武、大枝奈美『ファシリテーション 実践から学ぶスキルとこころ』岩波書店、二〇〇九年
・マイケル・ドイル、ディヴィッド・ストラウス『会議が絶対うまくいく法』日本経済新聞出版社、二〇〇三年
・ピーター・センゲ他『フィールドブック 学習する組織「5つの能力」』日本経済新聞出版社、二〇〇三年
・伊丹敬之『場の論理とマネジメント』東洋経済新報社、二〇〇五年
・マーガレット・J・ウィートリー『リーダーシップとニューサイエンス』英治出版、二〇〇九年

●ファシリテーションの応用（II章）
・堀 公俊『ワークショップ入門』（日経文庫）日本経済新聞出版社、二〇〇八年
・堀 公俊、加留部貴行『教育研修ファシリテーター』日本経済新聞出版社、二〇一〇年
・中野民夫、堀 公俊『対話する力』日本経済新聞出版社、二〇〇九年
・中野民夫『ワークショップ』（岩波新書）岩波書店、二〇〇一年
・森 時彦『ザ・ファシリテーター』ダイヤモンド社、二〇〇四年
・柴田昌治『なぜ会社は変われないのか』（日経ビジネス人文庫）日本経済新聞出版社、二〇〇三年
・白川 克、関 尚弘『プロジェクトファシリテーション』日本経済新聞出版社、二〇〇九年
・ちょんせいこ『学校が元気になるファシリテーター入門講座』解放出版社、二〇〇九年
・野村恭彦『フューチャーセンターをつくろう』プレジデント社、二〇一二年
・山崎 亮『コミュニティデザインの時代』（中公新書）中央公論新社、二〇一二年

●場のデザイン（III章）
・堀 公俊、加藤 彰、加留部貴行『チーム・ビルディング』日本経済新聞出版社、二〇〇七年
・堀 公俊、加藤 彰『ワークショップ・デザイン』日本経済新聞出版社、二〇〇八年

・中野民夫『ファシリテーション革命』（岩波アクティブ新書）岩波書店、二〇〇三年
・浅海義治他『参加のデザイン道具箱（Part1〜4）』世田谷まちづくりセンター、一九九三年〜二〇〇二年
・ロバート・チェンバース『参加型ワークショップ入門』明石書店、二〇〇四年
・中原 淳『知がめぐり、人がつながる場のデザイン』英治出版、二〇一一年
・エティエンヌ・ウェンガー他『コミュニティ・オブ・プラクティス』翔泳社、二〇〇二年

●対人関係スキル（Ⅳ章）

・堀 公俊・加藤 彰『アイデア・イノベーション』日本経済新聞出版社、二〇一二年
・堀 公俊『「ホンネ」を引き出す質問力』（PHP新書）PHP研究所、二〇〇九年
・津村俊充『プロセス・エデュケーション』金子書房、二〇一二年
・星野欣生『人間関係づくりトレーニング』金子書房、二〇〇三年
・ロジャー・シュワーツ『ファシリテーター完全教本』日本経済新聞出版社、二〇〇五年
・E・H・シャイン『プロセス・コンサルテーション』白桃書房、二〇〇二年
・野島一彦『エンカウンター・グループのファシリテーション』ナカニシヤ出版、二〇〇〇年

・岡本浩一、鎌田晶子『属人思考の心理学』新曜社、二〇〇六年

●構造化スキル（V章）

・堀 公俊、加藤 彰『ファシリテーション・グラフィック』日本経済新聞出版社、二〇〇六年
・堀 公俊、加藤 彰『ロジカル・ディスカッション』日本経済新聞出版社、二〇〇九年
・堀 公俊『ビジネス・フレームワーク』（日経文庫ビジュアル）日本経済新聞出版社、二〇一三年
・森 時彦、ファシリテーターの道具箱研究会『ファシリテーターの道具箱』ダイヤモンド社、二〇〇八年
・船川淳志、生方正也『論理アタマをつくる！ロジカル会話問題集』朝日新聞出版、二〇〇八年
・野口吉昭『コンサルタントの「質問力」』（ＰＨＰビジネス新書）、ＰＨＰ研究所、二〇〇八年
・松岡正剛編、ＩＳＩＳ編集学校『直伝！プランニング編集術』東洋経済新報社、二〇〇三年
・渡辺パコ『はじめてのロジカルシンキング』かんき出版、二〇〇八年、

●合意形成スキル（Ⅵ章）
・堀　公俊、加藤　彰『ディシジョン・メイキング』日本経済新聞出版社、二〇一一年
・堀　公俊『チーム・ファシリテーション』朝日新聞出版、二〇一〇年
・野沢聡子『問題解決の交渉学』（ＰＨＰ新書）ＰＨＰ研究所、二〇〇四年
・鈴木有香『人と組織を強くする交渉力』自由国民社、二〇〇九年
・中島　一『意思決定入門〈第2版〉』（日経文庫）日本経済新聞出版社、二〇〇九年
・北川達夫『不都合な相手と話す技術』東洋経済新報社、二〇一〇年
・Ｃ・オットー・シャーマー『Ｕ理論』英治出版、二〇一〇年
・アニータ・ブラウン他『ワールド・カフェ』ヒューマン・バリュー、二〇〇七年
・亀田達也『合議の知を求めて』共立出版、一九九七年

堀　公俊（ほり・きみとし）

1960年　神戸市生まれ
1984年　大阪大学大学院工学研究科修了
　　　　同年、大手精密機器メーカー入社
2003年　日本ファシリテーション協会設立、初代会長に就任
　　　　関西大学、法政大学、近畿大学などで非常勤講師を務める（組織行動学）
現　在　堀公俊事務所代表、組織コンサルタント、
　　　　日本ファシリテーション協会フェロー
著　書　『ワークショップ入門』（日経文庫）、『ファシリテーション・グラフィック』『チーム・ビルディング』『ワークショップ・デザイン』『ロジカル・ディスカッション』『アイデア・イノベーション』『教育研修ファシリテーター』（以上、共著、日本経済新聞出版社）、『問題解決ファシリテーター』『組織変革ファシリテーター』（以上、東洋経済新報社）など。
連絡先　fzw02642@nifty.ne.jp

日本ファシリテーション協会（Facilitators Association of Japan）

ファシリテーションの普及・啓蒙を目的とした特定非営利活動（ＮＰＯ）法人。プロフェッショナルからビギナーまで、ビジネス・まちづくり・ＮＰＯ・教育・環境・医療・福祉など、多彩な分野で活躍するファシリテーターが集まり、ファシリテーションの普及・啓発に向けて、①調査・研究、②教育・普及、③支援・助言、④交流・親睦の４つの事業をおこなっている。
〈Web〉http://www.faj.or.jp/　〈E-Mail〉webmaster@faj.or.jp

日経文庫1026

ファシリテーション入門

2004年７月15日　　１版１刷
2013年８月28日　　　26刷

著　者　堀　　公俊
発行者　斎田　久夫
発行所　日本経済新聞出版社
http://www.nikkeibook.com/
東京都千代田区大手町1-3-7　郵便番号 100-8066
電話（03）3270-0251（代）

印刷 奥村印刷　　製本 大進堂
© Kimitoshi Hori 2004
ISBN978-4-532-11026-0

本書の無断複写複製（コピー）は，特定の場合を除き，著作者・出版社の権利侵害になります。

Printed in Japan